"十三五"国家重点图书

# 一带一路沿线国家
# 法律风险防范指引

## Legal Risk Prevention Guidelines of One Belt One Road Countries

## （蒙古国）
### Mongolia

《一带一路沿线国家法律风险防范指引》系列丛书编委会　编

中国财经出版传媒集团
经济科学出版社

**图书在版编目（CIP）数据**

一带一路沿线国家法律风险防范指引. 蒙古国/
《一带一路沿线国家法律风险防范指引》系列丛书
编委会编 . —北京：经济科学出版社，2016.2
　　ISBN 978 - 7 - 5141 - 6630 - 9

　　Ⅰ. ①—…　　Ⅱ. ①—…　　Ⅲ. ①法律 - 汇编 - 世界
②法律 - 汇编 - 蒙古　　Ⅳ. ①D911.09②D931.109

中国版本图书馆 CIP 数据核字（2016）第 038473 号

责任编辑：柳　敏　周秀霞
责任校对：郑淑艳
版式设计：齐　杰
责任印制：李　鹏

**一带一路沿线国家法律风险防范指引（蒙古国）**

《一带一路沿线国家法律风险防范指引》系列丛书编委会　编

经济科学出版社出版、发行　新华书店经销

社址：北京市海淀区阜成路甲 28 号　邮编：100142

总编部电话：010 - 88191217　发行部电话：010 - 88191522

网址：www. esp. com. cn

电子邮件：esp@ esp. com. cn

天猫网店：经济科学出版社旗舰店

网址：http: //jjkxcbs. tmall. com

北京季蜂印刷有限公司印装

710 × 1000　16 开　16 印张　210000 字

2016 年 4 月第 1 版　2016 年 4 月第 1 次印刷

ISBN 978 - 7 - 5141 - 6630 - 9　定价：42.00 元

（图书出现印装问题，本社负责调换。电话：**010 - 88191502**）

（版权所有　侵权必究　举报电话：**010 - 88191586**

电子邮箱：**dbts@ esp. com. cn**）

# 《一带一路沿线国家法律风险防范指引》系列丛书

## 编委会名单

## （蒙 古 国）

主　任：王文斌

副主任：郭祥玉

委　员：（按姓氏笔画为序）

王书宝　　王甲国　　王　强　　衣学东

肖福泉　　张　华　　张锦平　　张向南

杜江波　　秦玉秀　　黄耀文

本书编写人员：（按姓氏笔画为序）

王文杰　　刘科明　　苏　洁　　杨　波

张凤羽　　翁　锋

# 编 者 按

  "一带一路"战略是党中央、国务院统筹国内国际两个大局作出的重大决策。"一带一路"沿线国家大多是处于转型中的发展中国家，法律制度存在较大差异，政策环境较为复杂。参与"一带一路"建设，迫切要求我国企业熟悉掌握国际规则，特别是所在国法律制度，全面分析评估和有效应对各类法律风险。为此，我们组织编写《一带一路沿线国家法律风险防范指引》系列丛书。本系列丛书总结了"一带一路"沿线国家投资、贸易、工程承包、劳务合作、财税金融、知识产权、争议解决等领域法律制度、法律风险和典型案例。丛书内容丰富全面，案例鲜活生动，具有较强的实践性和参考价值。

  在丛书付印之际，谨向给予丛书编写工作支持和帮助的国务院国资委和有关中央企业的领导、专家及各界朋友表示衷心的感谢。

《一带一路沿线国家法律风险防范指引》
系列丛书编委会
2015 年 12 月 11 日

蒙古国

# 目　　录

蒙

古

国

# 蒙古国法律概况

## 第一节 蒙古国概况

### 一、自然环境

蒙古国（蒙古语：Монгол улс），地处亚洲中北部，北部与俄罗斯接壤，东部、南部和西部与中国接壤，中蒙两国边境线长达 4 630 公里，蒙古国地域总面积 156.41 万平方公里，居世界第 19 位，其中陆地面积约 155.3 万平方公里，水域面积约 1.06 万平方公里，是世界上面积第二大的内陆国家。蒙古国可利用土地约为 15.65 万平方公里，其中农业用地约占 80%（其中耕地 0.4%，永久性牧场 72.6%），森林面积占 10%，水域面积仅占 1%。蒙古国境内多山地和高原，分布着广阔的草原、戈壁和沙漠。巨大的半沙漠和沙漠平原、草原、山区分布在西部和西南部，戈壁沙漠主要分布在中南部。

蒙古国以"蓝天之国"而闻名于世，一年有 270 天阳光明媚，气候为典型的温带大陆性气候，昼夜温差大、季节变化明显。蒙古国内终年干燥少雨，夏季气候炎热，最高气温可达 38℃（最高曾达到 45℃）。冬季酷寒，冬季最低气温可低至零下 40℃（最低曾达到零下 60℃）。因为是温带大陆性气候，所以蒙古早晚温差较大，无霜期短，年平均降雨量 250mm。蒙古国首都乌兰巴托冬夏气温悬殊，1 月份平均气温零下 15℃至零下 20℃，7 月份平均气温为 20～22℃。年均降水量为 230 毫米。年均晴天 180 日。

## 二、人文及社会环境

## （一）人口

蒙古国人口稀少，劳动力短缺。截至 2015 年 7 月的统计数据显示，蒙古国总人口约为 299.3 万人，是世界上人口密度最小的国家之一，人口密度约每平方公里 2 人。其中 72% 的人口居住在城市，137.7 万人生活在蒙古的首都乌兰巴托，预计到 2030 年乌兰巴托市的人口将达到 180 万人。虽然近年来蒙古人口有所增长，但人口基数小，增长速度有限。根据 2015 年最新数据显示，蒙古的年人口增长率为 1.31%，世界排名第 92 位。

蒙古国的主要民族为蒙古族，主要有喀尔喀族（约占总人口的 81.9%），居住在蒙古的中部和南部；杜尔伯特族（约占总人口的 2.7%）居住在蒙古的西部省份，布里亚特族（约占总人口的 1.7%）主要生活在蒙古的北部和东北部。作为少数民族的哈萨克族人（约占总人口的 3.8%）则主要生活在蒙古西部，信仰伊斯兰教，是蒙古最大的异族文化群体。蒙古自 16 世纪开始即接受喇嘛教。根据《国家与寺庙关系法》，喇嘛教为蒙古的国教，国内约有53%（约158.6万）的人信仰喇嘛教。蒙古的主要语言为蒙古语，首都为乌兰巴托市，蒙古国独立前是中华民国的一部分，被称为外蒙古。1921年蒙古国宣布独立，成立君主立宪政府，1924年废除君主制，成立蒙古人民共和国。直到1946年1月当时的中华民国政府承认外蒙古独立，1991年改国名为蒙古共和国，1992年又改国名为蒙古国。

根据2015年人口普查结果显示，蒙古人口年龄结构呈金字塔形，在总人口中，65岁以上老人约123 345人，仅占总人口的4.1%。其中劳动适龄人口（指14~65岁）占69.02%，虽然劳动力资源潜力较大，但劳动力资源利用率却较低，蒙古仍是一个劳动力资源不足的国家（见图1-1）。

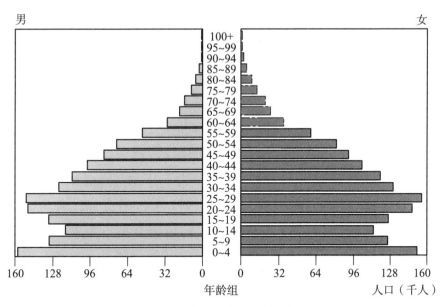

图1-1　蒙古国劳动力资源分布

蒙古国居民的识字率[①]为98.4%，其中男性识字率高达

①　该识字率为蒙古15周岁以上公民能够读书和写字的比例。

98.2%，女性达 98.6%。但是蒙古的学校教育和技能培训与社会实际需求并不一致，这一教育体制的缺陷使得蒙古劳动力市场存在着结构性失业的问题。国内各类专业技术人才稀缺以及劳动力素质普遍下降造成企业"用工荒"与劳动力"剩余"的矛盾。一方面，国内优秀人才流失海外情况严重，高校和职业技术学校的专业人才不能满足国内经济发展的需求。另一方面，近年来蒙古经济形势不好，没有为本地劳动力创造足够的就业机会，有将近一半的大学生处于失业的状态。这种劳动力市场严重的结构性矛盾也是很多外国企业在蒙古国投资办厂面临的困扰性因素。尤其是专业技术人才急缺，比如矿产领域、自动化机械、建筑等方面，无法满足蒙古国经济迅速发展的需求。截至 2015 年 11 月底，官方登记失业人口为 3.13 万人，较上月减少 0.7%，较上年同期减少 12.8%。其中，56.0% 的失业人口为女性。

## （二）主要节日和民俗

蒙古居民重视过节，主要的节日和公众假期包括白月节、宪法纪念日、国庆－那达慕和 2012 年起增设的成吉思汗出生日"荣耀日"等。其中，白月节的日期与蒙古藏历新年相同，是蒙古一年中最隆重的节日。蒙古国庆节为 7 月 11 日，自 1922 年起蒙古会定期举办全国那达慕，并于 1997 年将国庆节改名为"国庆－那达慕"。那达慕大会是蒙古族的传统节日，是人们为了庆祝丰收而举行的文体娱乐大会，主要有摔跤、赛马、射箭、套马等民族传统节目。

蒙古有很多传统民俗与我国蒙古族同胞相同，如"敖包"祭祀、祈祷，向尊敬的客人献哈达，穿蒙古袍等。但在现代，城市居民大多穿着现代服装，只有在庆典和重要节日时才穿着蒙古袍。还有一些特别的民俗包括蒙古人忌向火里扔东西，不能在火旁放刀斧等锐器；蒙古人特别崇敬水，认为在河里不能洗澡、洗脏东西；因蒙古人大多信奉喇嘛教，在宗教方面禁止在寺庙周围打猎，等等。

## （三）行政区划

蒙古国领土在行政上划分为省和首都，省划分为乡，首都划分为区，区划分为里。蒙古的首都是乌兰巴托，始建于1639年，意思是"红色英雄城"。乌兰巴托是全国最大城市，也是全国政治、经济、文化、交通和工业中心。蒙古国内有21个省和1个首都特别市，主要省市有鄂尔浑省（Orhon）、达尔汗乌勒省（Dar-han-Uul）、肯特省（Hentiy）、阿翰盖省（Arhangay）、巴彦洪戈尔省（Bayanhongor）和巴彦乌列盖省（Bayan-Olgiy）等。

靠近北部俄罗斯的主要城市有额尔登特省和达尔汗乌勒省。额尔登特是额尔登特省省会，也是蒙古第二大城市。额尔登特位于乌兰巴托市西北面、鄂尔浑省、蒙古国北部。为开发亚洲最大的铜矿和钼矿资源，额尔登特建于1975年。额尔登特在苏联的援助下建成了开采成熟的蒙古最大铜钼矿，目前由蒙古和俄罗斯合资组建的额尔登特公司运营。额尔登特铜钼矿是亚洲最著名的铜钼矿之一。达尔汗乌勒省省会达尔汗是蒙古第三大城市，达尔罕为蒙古北部的工业基地，城市大部分用地都是工业用地，也是达尔汗乌勒省主要人口居住地。

南戈壁省位于蒙古西南部，面积为16.5万平方公里，省会是达楞扎德盖图市。南戈壁省有7个县与我国毗邻，该省的矿产资源丰富，由镁、铜、锌、铁、水晶和萤石等，南戈壁总面积60%以上的地下都有煤矿资源，铜矿储量位居世界前列，其中奥尤陶勒盖矿（Oyu Tolgoi）和塔本陶勒盖煤矿（Tavan Tolgoi）是与中国有着合作开发意向的重点矿产资源。

## （四）国内交通

蒙古国交通运输业包括铁路、公路和航空运输，其中以铁路和公路为主。蒙古境内仅有乌兰巴托铁路和自乔巴山向北至蒙古俄罗斯边境口岸铁路两条铁路，其中乌兰巴托铁路全长约为1 811千米，承担了蒙古铁路货运和客运的运输需求。蒙古境内拥有可以连接欧洲和亚洲距离最短的陆路通道，包括连接中俄的铁路。铁路运输对蒙古国非常重要，国内出口的矿产品主要通过铁路运输，国外进口也一般先运输至乌兰巴托，再运往全国各地。值得注意的是国家运营商"乌兰巴托铁路"为蒙古国政府和俄罗斯联邦铁路共同拥有。

蒙古境内公路全长49 249千米，其中已铺设的公路全长4 800千米，世界排名第77位。蒙古的公路分为三类：国家级公路、地方公路和单位自用路。国家级公路包括连接首都与各省会之间、各省会之间和国家边界口岸和中央居住区的公路。2013年蒙古国公路运输货物运输量约为2 880万吨，运送旅客3.04亿人次。目前中蒙两国共有12个公路口岸。根据世界银行2014年"物流绩效指数排行"，蒙古在全球160个国家和地区中，交通物流排名第125位，属于交通基础设施最差国家之列。但是2014年10月，蒙古国国家大呼拉尔通过了蒙古国南部两段铁路拟采用与中国相同轨距的议案，这将会大大促进中蒙之间的物流往来，通过中国天津、东北等地港口，蒙古国矿产品可以出口到更多的国家和地区，这将帮助蒙古国克服内陆国家向外运输不便的短板。根据蒙古国家统计局、蒙古银行和蒙古国海关总署公布的数据显示，2015年1～11月，蒙古境内通过铁路运输货物1 737.34万吨，同比减少8.8%；运送旅客259.83万人次，同比减少16.0%；运输收入3 524.05亿图格里克，同比下降9.4%。通过航空运输货物2 584.8吨，同比减少18.7%；运送旅客

57.37 万人次，同比减少 9.4%；运输收入 2 320.38 亿图格里克，同比增加 1.7%。

蒙古国主要有 Mongolian Airlines，AirMongolian 等航空公司，开通国际和国内航线。乌兰巴托市的成吉思汗国际机场为蒙古最大的机场，由于只能单向起降，受天气影响较大。截至 2013 年，蒙古境内目前有 15 座已经铺设好跑道的机场。

## 三、蒙古的经济环境

蒙古丰富的矿产资源改变了传统蒙古依靠畜牧业和农业发展经济的特点。蒙古的铜、金、煤、钼、萤石、铀、锡、钨的丰富储存量吸引了大量外商直接投资。[①] 1990～1991 年苏联解体，苏联对蒙古国近 1/3 的援助一夜之间消失殆尽。接下来的十几年，蒙古国因政治危机和自然灾害经历了经济衰退。但因市场改革和国营经济的私人化改革，蒙古的经济逐渐开始复苏并呈较快增长态势。蒙古在 1997 年加入世界贸易组织，开始发展并扩大其在区域经济和贸易领域的影响力。2004～2008 年间，蒙古的年经济增长率维持在 8% 左右，此种大幅度增长主要是因为蒙古增加了金矿开采量和全球金价的上涨。2008 年全球经济危机也波及到蒙古。全球经济的缓慢增长率削减了蒙古政府的收入、影响了国内的矿产出口，尤其是黄金，因此 2009 年蒙古的实体经济萎缩了近 1.3%。2009 年年初，世界货币基金组织为蒙古提供了 2.36 亿美元的备用信贷安排，同年 10 月，蒙古通过了开发奥尤陶勒盖铜金矿（Oyu Tolgoi）投资协议的法规，拟发展成为世界

---

①　据联合国贸发会议发布的 2014 年《世界投资报告》，2013 年蒙古国吸收外资流量为 20.5 亿美元，截至 2013 年年底，蒙古国吸收外资存量为 154.7 亿美元。根据蒙古投资局统计，蒙古 2014 年接受 14 353 亿图格里克（约为 7.98 亿美元）外资，其中外国直接投资约为 9 229 亿图格里克（约为 5.07 亿美元），外国贷款 3 689 亿图格里克（约为 2.03 亿美元），外国援助 1 435 亿图格里克（约为 0.79 亿美元）。

上最大的未开发的金矿和铜矿出口国。2014 年 12 月政府批准了开采塔本陶勒盖煤矿（Tavan Tolgoi）的项目，由蒙古国能源资源公司（Energy Resources LLC）、中国神华能源股份有限公司和日本住友商事株式会社（Sumitomo）组成的投资联合体共同开采西部矿区。自 2010 年起，蒙古国的经济增长每年都超过 10%，主要源于对周边国家的商品出口和政府的国内高支出。蒙古政府宽松的财政和货币政策以及外部对蒙古出口需求的不确定性使政府近期面临着经济风险，可能会导致通货膨胀。

虽然近两年的外贸和外国投资额较比 2012 年双双减少，但主要依靠其奥尤陶勒盖铜金矿的生产和政府刺激经济的措施，蒙古经济仍然实现了两位数字的增长水平。[①] 蒙古对华贸易已高达本国对外贸易总额的 62%。蒙古出口和供应的 90% 都是出口中国，其中蒙古进口额的 1/3 也是来自于中国。同时蒙古的能源供应依赖于俄罗斯的出口，2014 年，蒙古 90% 的汽油和柴油都进口自俄罗斯。

因 2014 年奥尤陶勒盖矿场开发者与政府对该矿场第二阶段开发计划未达成共识，大大降低了蒙古作为外商投资目标国家的吸引力，影响外国投资者信心，外国投资大幅减少 76%，导致外汇存底减少四成。为维持蒙古国内经济的高增长，国际货币基金组织预测蒙古政府和中央银行或许会继续实施宽松的财政和货币政策。但由于蒙古政府财政赤字和对外发放的债务规模不断扩大，宽松的财政政策和货币政策操作空间有限。下一届国家大呼拉尔选举将于 2016 年 6 月举行，在国家大呼拉尔选举期间通过政府新法案的可能性较低，受上述因素综合影响，国际货币基金组织和世界银行均预测蒙古经济整体增速将在 2015 年出现大幅下降。中国出口信用保险公司认为蒙古经济结构比较单一，经济高度依赖采矿业。在外部出口环境不佳和国内投资环境不利的条件下，政

---

① 如 2013 年增长率为 12.6%，人均 GDP 为 3 630 美元。

府继续采用扩张性财政政策，宏观经济存在不稳定，且受国际矿产资源价格走低和外国投资者投资信心恢复缓慢等因素的影响，蒙古外贸和外国投资增长乏力，且财政赤字的扩大是政府继续实施宽松的财政和货币政策的空间有限，经济有衰退的风险。

2014 年 4 月，国际货币基金组织和世界银行分别发布了《2014 年世界经济展望》和《2014 年 4 月东亚和太平洋地区经济更新》。根据国际货币基金组织预测，2014～2016 年蒙经济增长率分别为 12.9%、7.7%、8.8%，分别高于同期亚洲新兴发展中国家平均 6.7%、6.8%、6.5% 的增速；2014～2016 年蒙古消费者物价水平增长率分别为 12.0%、11.0%、6.5%，高于同期亚洲新兴发展中国家平均 4.5%、4.3%、3.9% 的增速。

根据世界银行预测，2014～2016 年蒙古经济增长率分别为 12.5%、9.9%、7.6%，高于同期东亚和太平洋地区平均 6.2%、6.3%、6.4% 的增速；消费者物价指数增长率分别为 12.5%、9.9%、8.0%。

## 四、蒙古的自然资源和特色产业

蒙古国拥有丰富的矿产资源，矿产业是蒙古国经济发展的重要支柱产业之一，现已探明的有煤炭、铜、金、铀、钼等，这些矿产品储量丰富，其中主要的矿产资源如煤炭约有 500 亿～1 520 亿吨，萤石蕴藏量约有 800 万吨、铁 20 亿吨、铜 800 万吨、磷 2 亿吨、锌 6 万吨、金 3 000 吨、石油 15 亿桶。蒙古国矿产资源开发目前正处于起步阶段，国内基础设施，如供水、供电和道路等相对落后。根据蒙古国家统计局、蒙古银行和蒙古国海关总署公布的数据显示，2015 年 1～11 月，蒙古国煤炭出口 1 283.1 万吨，较上年同期减少 24.1%，共计 5.08 亿美元，较上年同期减少 33.1%；铜精矿出口 133.5 万吨，较上年同期增加

6.5%，共计 20.71 亿美元，较上年同期减少 9.4%；铁矿石出口 434.6 万吨，较上年同期减少 23.9%，共计 2.02 亿美元，较上年同期减少 49.5%；原油出口 738.6 万桶，较上年同期增加 16.7%，共计 3.60 亿美元，较上年同期减少 40.2%；锌精矿粉出口 8.4 万吨，较上年同期减少 9.9%，共计 1.02 亿美元，较上年同期减少 3.7%；黄金出口 9.5 吨，较上年同期增加 12.5%，共计 3.57 亿美元，较上年同期增加 4.1%。

畜牧业是蒙古国传统产业和国民经济的重要基础，也是蒙古国内纺织等加工业和食品类生活必需品主要原料来源及中蒙合作的重点之一。蒙古地广人稀、自然条件差、气候较为恶劣，冬季持续时间长，机械化水平不高，因此畜牧业的生产仍以传统的放养方式为主。根据蒙古统计局公布的资料显示，2015 年上半年，新增牲畜 1 869.7 万头，同比增长 11.9%，牲畜总头数达到 6 649 万头。其中马 351 万头，占 5.3%；牛 425 万头，占 6.4%；骆驼 39.4 万头，占 0.6%；绵羊 3 047 万头，占 45.8%；山羊 2 787 万头，占 41.9%。

农业虽然不是蒙古经济的支柱型产业，但是关系到蒙古国民的生计因而受到历届政府的重视。蒙古国的主要农作物有小麦、大麦、土豆、白菜、萝卜、葱头、大蒜、油菜等。2015 年上半年，农业耕种总面积 51.78 万公顷，同比增长 18.6%。其中，谷物 38.92 万公顷（小麦占 36.02 万公顷），土豆 1.23 万公顷，蔬菜 7 145 公顷，饲料草 2.21 万公顷，其他 8.71 万公顷。

# 五、蒙古的政治环境

## （一）政治稳定性

推行多党制后，蒙古国的两大主要政党是民主党和人民党

（蒙古人民革命党，在2010年11月更名为人民党），人民党和民主党党员数量不相伯仲，实力较为均衡，因此竞争激烈。通常认为，蒙古国人民党是亲俄派，而民主党是西方派，两党在诸多方面持有不同的政治观点，分歧较大，两党在国家资源矿藏的分配上进行角逐，人民党主张应由政府对国家矿藏进行控制，而民主党主张由私营公司与国外的投资者签订投资协议进行开发。

阿勒坦呼雅格总理领导的蒙古政府自2012年组建以来，在经济社会领域政绩表现不佳，多遭批评。为应对这一情况，总统额勒贝格道尔吉提出转变政府职能、大幅精简放权，构建"基于调研、重在服务、依法行政"的新型政府。2014年6月，执政的民主党、在野的人民党和"正义联盟"组成联合政府，但此后两党间争议不断。

2014年10月，蒙古国大呼拉尔以75.4%的支持率通过了阿勒坦呼雅格总理的政府部门改革议案。根据新的改革方案，蒙古国将财政部、经济发展部合并为财政部，将矿产部、电力部合并为矿产和能源部，将建设和城市发展部、道路运输部合并为交通运输和建筑及城市建设部，原有的16个政府部门整合为13个。同年11月5日，因经济形式持续下滑，在阿勒坦呼雅格总理任期内蒙古外商投资和经济增长速度下降、货币贬值和物价上涨情况较为严重，蒙古国国家大呼拉尔秋季会议例行会议上通过了对阿勒坦呼雅格总理的弹劾案。此次弹劾是10月通过政府部门改革议案之后，蒙古政局的又一次较大变动。因总理被弹劾后组阁和部门负责人提名等随即被中断，其中新对外关系和经济合作部、财政部、矿产和能源部、交通运输和建筑及城市建设部等部门是受政府改组和总理被弹劾影响最大的几个部门。

2014年11月21日，国家大呼拉尔经表决通过，任命原政府办公厅主任赛汗比勒格成为蒙古新任总理，赛汗比勒格上任后即着手开始组阁工作。新总理表示新政府的主要工作重心就是经济，新政府将扶植私营企业、支持国家大型企业，使蒙古国内产业结构多元化，除矿产资源外，重点发展旅游、信息技术、农牧业等产业，并响应中国提出的"草原之路"倡议，推动铁路改造等大项目。

经蒙古执政党民主党同人民党、正义联盟等在议会拥有议席的党派协商，各党派对政府部门结构及各部门负责人提名人选等基本达成一致。2014年12月4日，国家大呼拉尔全体会讨论并表决通过了《政府结构和成员法》。根据该法规定，政府一共由19名成员组成，包括蒙古国总理、副总理、政府办公厅主任、15个政府部门部长和新增设的蒙古国部长（State minister of Mongolia）。同时对政府部门结构进行了再次改组，对外关系与经济合作部更名为对外关系部、交通运输和建筑及城市建设部拆分为交通运输部和建筑与城市建设部两个独立部门、矿产与能源部拆分为矿产部和能源部两个独立部门、工业与农业部拆分为工业部和食品与农业部两个独立部门、撤销文化体育与旅游部。文化体育与旅游部原文化领域职能划入原教育与科技部并更名为教育文化与科技部，原旅游领域职能划入原自然环境与绿色发展部并更名为自然环境绿色发展与旅游部，原体育领域职能划入原卫生部并更名为卫生与体育部。

2015年8月初，民主党执行委员会以不称职为由，罢免联合政府中人民党的高级官员，被罢免的六名官员分别是人民党的副总理、财政部长、城市发展和建设部部长、交通部长、劳动部长和环境部长。同年8月10日，新总理赛汗比勒格签署法令任命了上述六个职务的代理人选，在正式任命新的人选之前，代理部长将依法履行所代理职务的相关职责。总体来说，蒙古民主党的执政联盟在国家权力架构中占有优势，政局稳定，外交态势良好，不存在明显的外部安全威胁。但受政治选举周期和政党轮替的影响，政策连续性和稳定性较差。

## （二）社会安全

近年来，蒙古城市犯罪率有所升高，其中，首都乌兰巴托的犯罪率为全国最高，市内吸毒贩毒、拐卖人口、赌博洗钱、因醉酒引发的社会治安问题等案件经常发生。虽然政府强调创建安全环境的重要性，但是实际治理效果并不明显。如上文所述，蒙古地广人稀，因此政治游行示威活动的发展和规模在客观上受到了限制。但是因政府对矿产资源管理的不合理及政府内部的腐败，民众对政府抗议示威的活动有所增加，目前国内尚无恐怖主义组织活动迹象，蒙古也不是恐怖主义组织针对的目标。但是当前蒙古民族主义和民粹主义不断高涨，甚至有人提出全世界蒙古人"回归祖国"等口号，对外标榜"捍卫蒙古利益"以推动政府修改相关法律，民粹主义问题的凸显对蒙古与中俄之间的合作造成了消极影响。

蒙古治安状况欠佳，针对外国公民抢劫案件时有发生。中国驻蒙古使馆提请在蒙中国公民注意如下安全防范：

1. 选择治安状况良好的办公地点和小区居住，并安装可视电话和监控。

2. 不要在办公地点和住处存放大量现金和贵重财物。

3. 不要向不明身份之人显露财富和告知其商务情况。

4. 进出住处时，仔细观察楼梯内情况，特别是注意是否被跟踪或有人藏匿在住处死角，并提前准备好钥匙开门。

5. 不要为不熟悉的人开门，不要轻易让以送货、维修等各类人员进入家门。

6. 送朋友回家一定要确认朋友进入家门，一切安全后再离开。

遇可疑情况，可以拨打报警电话并及时通知使馆。① 总体而言，蒙古当地治安情况基本尚可。

## 六、政党制度

蒙古国实行多党制，主要政党有蒙古人民党、民主党、公民意志党等。蒙古政治局势复杂，政府及内阁成员变动较频繁。

蒙古人民党是在苏联的直接影响下创建并取得政权的，成立于1921年3月，蒙古人民党是蒙古最主要的执政力量之一，1921～1996年②、2000～2004年、2008～2012年是蒙古国的执政党。1925年受苏联影响改名为"蒙古人民革命党"，1921～1996年政治变革时期，蒙古人民革命党一直是蒙古唯一合法的政党，苏联剧变并没有改变该党在蒙古的地位。20世纪90年代蒙古国内的政治变革推动了政治体制的改变，蒙古逐渐从一党制向多党制进行转变，蒙古人民革命党也渐渐地从苏维埃式领导的革命政党向西方式政党靠拢。

蒙古人民革命党在指导思想上经历了两次转变，第一次是在蒙古人民革命党第21次代表大会上，规定人民革命党的性质为"民族民主性质政党"，遵循"中道思想"。第二次是在蒙古人民革命党第22次代表大会上，该次会议决定放弃党内遵循的马克思列宁主义，将党的性质确定为民族民主主义性质的中左翼政党。③ 2003年蒙古国人民革命党加入社会党国家，转变为社会党。2010年11月蒙古人民革命党第26次代表大会通过决议，

---

① 报警电话：102；使馆电话：11-320955；99112578；99809213；95265568。

② 1996年蒙古人民革命党第一次失去了长期执政地位，这是蒙古人民革命党历史上重要的一次转折，但蒙古人民革命党很快适应在野党的角色，积极利用议会"第二大党"的地位发挥影响力。（陈盼盼：《蒙古人民党转型研究——过程、结果与理论解释》，载《才智》2014年第31期）

③ 该党由此逐渐从以马列主义为理论指导的共产主义性质的政党，演变为以民族民主社会主义思想为指导的中左翼政党。

恢复 1921 年创建时的名称"蒙古人民党"，选举由 31 人组成的领导委员会。党员约有 16 万人，现任党主席为蒙古议会议长呼·恩赫包勒德。

1989 年 12 月 10 日，蒙古首次公开拥护民主的游行在乌兰巴托举行，额勒贝格道尔吉在同日宣布成立蒙古民主联盟（后演变为蒙古民主党）。蒙古民主党自称为中右翼政党，成立于 2000 年 12 月，由当年的国家民主党、社会民主党联合其他在野的民主复兴党和宗教民主党合并组成。蒙古民主党其前身是蒙古 20 世纪 90 年代"民主化运动"的直接产物，曾于 1996～2000 年联合执政。在 2012 年议会大选中胜出的民主党正掌握蒙古政局的主动权。在 2013 年 6 月举行的蒙古总统选举中，民主党领袖查希亚·额勒贝格道尔吉成功连任。民主党控制总统、议长及包括首都乌兰巴托在内的全国大多数地方政府，基本确立其在政坛的主导性力量。民主党的宗旨是重视个人的发展、个人的权利和自由，党的目标是巩固蒙古政治独立；建立合理、强大的经济体制；建立开放的社会；建立良政；将社会发展与国际社会进步密切接轨。党的全国代表大会每四年召开一次会议。全国协商委员会（相当于中央委员会）下设 8 个常设委，负责日常工作。党的监察机关是独立于任何个人的基本章程委员会，对党章负责。现任党主席为蒙议会议长呼·恩赫包勒德。

公民意志党是蒙古的第三大政党，该党主要宗旨是"反失业、反贫困、反贪污腐败"，主张建设文明的、有创造力的富强的蒙古。


# 第二节　法律渊源与部门体系

每个国家的法律都有其自身的特点及传统，一国的法律制度会随着形势的变化而发展变化。蒙古法律制度的发展大致可以分为四个阶段：第一个阶段是蒙古帝国时期，成吉思汗在13世纪制定的《大札撒》（Ikh Zasag）是蒙古族历史上第一部成文法典，它的陆续颁行阐明了古代蒙古传统法律文化的形成及发展脉络。《大札撒》是一种约束家庭、组织、国家及世界各国的管理法律，同时也有团结人民意志以保卫蒙古民族利益的规定，反映了一些现代的管理基础及帝国胜利的核心。第二个阶段是16~19世纪的法律，这一时期蒙古的法律规定包括1640年《蒙古卫拉特法典》、《桦皮法典》及来自清朝规定的《蒙古律例》等，这几部法律主要强化并保障蒙古的社会关系。《蒙古卫拉特法典》一方面旨在停止帝国的分裂并加强内部团结与秩序，另一方面是保护国家安全抵御外敌，本部法律以法典化的形式规范了蒙古的社会结构，然而法典的一半都是具有刑法性质的规定。这一时期的法律还包括一些未公布的习惯法，如喀尔喀法规等。第三个阶段是社会主义时期（1924~1992年）现代法律制度发展及制定阶段，蒙古制定了社会主义宪法，在1924年成为了世界上第二个社会主义国家，这个时期蒙古的法律主要以三部社会主义宪法为基础发展国家经济。第四个阶段是民主时期，1990年颁布实施过渡性宪法，实行多党制、两院制的议会制，即第四部宪法。蒙古现行1992年《宪法》规定，蒙古是一个民主、正义、自由、平等的国家，蒙古实行议会制民主并开始发展市场经济。

尽管受到苏联法律体系的影响，蒙古的现行法律体系仍然是以罗马—日耳曼法律为基础的大陆法系。蒙古的民法即是仿照欧洲大陆主要国家的法典编撰，尤其是德国民法典。事实上，因为不同国家的一些多边发展机构和学者都参与到了新法规的起草工作，蒙古的法律体系来源远比学者们描述的更为复杂和多样。所以在很多情况下，不同的法律和法规之间法律术语和定义大都不同。但是蒙古国法律还是遵循了罗马-日耳曼法律体系对私法和公法的区分。公法调整的是公民与国家或代表国家的公共机构之间的法律关系，大多数公法诉讼发生在行政法院。私法主要调整的是私人间的法律关系，如公权力机关与私人的交易即归属私法管辖。蒙古国诉讼法律并没有规定陪审团制度，法官在法庭上起主导作用。

## 一、立法

蒙古国《宪法》规定，蒙古国最高立法机关为蒙古国大呼拉尔。国家大呼拉尔有权批准、增补、修改法律，决定国内外政策，明确国家经济与社会发展的总方针，决定和变更国家大呼拉尔常设委员会以及政府，决定并宣布总统、国家大呼拉尔及其委员的选举、任命、更换，罢免总理和政府成员等。国家大呼拉尔实行一院制，由 76 名委员组成，大呼拉尔成员由选举产生，任期四年。国家大呼拉尔的例行会议每半年举行一次（春季和秋季例会），每次会议占用不少于 75 个工作日。2012 年 7 月，赞达呼·恩赫包勒德就任国家大呼拉尔主席。新一届议会选举将于 2016 年举行。

蒙古国的国家元首为总统，是蒙古人民团结统一的体现者。总统任期四年，可连任两届，总统不得兼任总理、国家大呼拉尔委员、政府成员及其他与总统任职无关的公职。总统职权包括对国家大呼拉尔通过的法律和其他决议予以否决，在职权范围内提出对政府的指导方针等。2009 年 6 月，查希亚·额勒贝格道尔吉（Tsakhia Elbegdorj）就任蒙古国总统，2013 年 6 月胜选连任。新一届总统选举将于 2017 年举行。

## 二、行政

蒙古国政府是最高国家执行机关，负责贯彻国家法律，领导经济、社会、文化建设等等。政府由总理领导，任期四年，对国家大呼拉尔负责并报告工作。因经济形势持续下滑，蒙古国前总理阿勒坦呼亚格于2014年10月被弹劾并于11月5日通过，现任总理为民主党成员其·赛汗比勒格。

蒙古国各省市的领导以地方自治领导与国家领导相结合的方式实现。国家对省、首都、县、区、乡、里的领导分别由省、首都、县、区、乡、里的扎萨克主席施行。扎萨克主席由其所在的省、首都、县、区、乡、里的呼拉尔提名。省、首都扎萨克主席由总理任命，县、区扎萨克主席由其所属省、首都扎萨克主席任命，乡、里扎萨克主席由其所属县、区扎萨克主席任命，任期一般为四年。扎萨克主席在执行该地区呼拉尔决议的同时，需要作为国家政权代表保证法规和中央政府及上级机关的决议在本地区的执行，并向上级扎萨克主席及中央政府负责。各级扎萨克主席的办公机关为行政公署。省、首都、县、区、乡的呼拉尔在其权限内作出决议后，由扎萨克主席发布。扎萨克主席有权否决本省、首都、县、区、乡的呼拉尔的决议。

2015年6月19日蒙古国家大呼拉尔通过《行政总法》，该法将于2016年7月1日开始生效。《行政总法》对行政机构、公务员执行公务及作出决议的程序作出了规定。公务员作出决定时有较大的自由裁量空间，因此可能会产生不确定因素并危害到公众的合法权益，因此《行政总法》基本原则是行政机构的公务人员不得有官僚主义作风，行政机构及其公务人员在作出决定时应以该行为、决定或工作可能使涉及的公民或法人产生该行为或决定或工作是为自身利益而作出为原则规范自己的行为。如果拟作出的任何决定或行为将损害公众的利益，在决定出台之前都应该对该行为进行解释并听取公众的意见。且《行政总法》对行政决定的执行程序也作出规定。行政决定可以强制执行，但是不应损害被强制执行的公民或者法人的权利和合法利益。总体来说，《行政总法》的制定体现了蒙古政府完善公众及政府行政机构及公务人员之间的关系、构建"为民服务"的政府的意志。

蒙古国军队现称蒙古武装力量。总统兼任武装力量总司令，总统通过国防部长对军队实施指挥。国防部是最高军事行政机关，统管武装力量。

## 三、司法

蒙古国法院是拥有审判权的唯一机构，蒙古的司法权属于国家最高法院和依法设立的省、首都法院，县和县际法院、区法院和行政事务专门法院。根据刑事、民事和行政审批的工作类别，设立了专门法院，归国家最高法院监督管辖。最高法院由总法官和十六名法官组成，总法官经司法总委员会向大呼拉尔推荐，由总统以六年任期任命。最高法院现任大法官为策·卓力格于2010年11月就职。检察机构由总检察署和各级地方检察署构成。现任总检察长为2015年8月就职的马·恩赫－阿木古楞。

## 第三节　国内主要法律制度

国内主要的法律规定有《宪法》、国际条约、大呼拉尔制定法、其他形式的法令和最高法院的司法解释。

## 一、宪法

宪法具有国家最高法律效力，比普通的法律更能全面集中地反映统治阶级的根本意志和最高利益。宪法规定的是国家生活中最重要的根本问题，即国家的性质、经济制度、国家政权组织形式等。蒙古国现行《宪法》自 1992 年 1 月 13 日颁布，历经 1999 年、2001 年和 2011 年三次修改。《宪法》对国家、机构及个人的基本权利的主要原则作出规定。宪法规定"蒙古为独立、主权的共和国家，国家的全部政权属于劳动人民，蒙古人民可以通过直接参与国家事务或者由他们选举执政的代表机构行使其权利。"现行《宪法》废除了共产主义思想和建立共产主义国家的目标，建立起发展私人所有制和市场经济的法律体系。此外，《宪法》还规定了国际公认的原则和法律规范，如人权和平等等。

## 二、法律

法律，是蒙古国主要的法律形式。截至 2015 年 7 月，蒙古国现存生效法律多达 550 余部。颁布法律的权力只属于立法机关——国家大呼拉尔（议会），国家大呼拉尔有权批准、增补和修改法律。总统、国家大呼拉尔委员和政府享有法律提案权。公民和其他机关可以向法律提案人说明其对法律草案的意见。蒙古国法律由国家大呼拉尔正式颁布，如法律中没有其他规定，则在颁布十天后生效，但是总统有权对国家大呼拉尔通过的法律和其他决议的全部或部分条款行使否决权。经国家大呼拉尔讨论，如有 2/3 的与会委员不接受总统的否决，则该法律仍然充分有效。

## 三、法律行为

在蒙古国，法律行为广义上存在多种形式，包括议会决议、总统令、内阁决议以及部长或机构规定、程序和命令。议会决议受《国家大呼拉尔法》规制。该法明确授予议会颁布其决定的权力，该等决定被称为决议。议会决议通过对政策的界定或下令对该等政策的实施规制内阁以及其他组织的行为。

蒙古国的执行权力由内阁持有，该等权力受《宪法》、法律以及议会规范行为的限制，可以颁布决议和法令。内阁决议存在多种形式和功能。其中最简单的形式就是通过更高一级政府作出的决定。例如，内阁可以颁布决议通过已经由议会表决通过的法律。不过，决议也可以上升成为法规。如果该等决议和法令与法律法规不符，内阁或者议会可以宣布其无效。

依据《宪法》以及蒙古国法律，总统被明确授权可以在其职权范围内依据法律颁布总统令。总统令必须符合《总统法》授予的权力。该等权力最初列于《宪法》之中，后又列入《总统法》。总统令如果与法律相违背，由总统本人或国家大呼拉尔予以废止。所有的部委和机构均有权根据议会和内阁的明确授权制定公布规范行为。蒙古国的部委以及其他政府机构制定的行为被称为规定和程序。

只有法律、议会决议以及内阁决议可以普遍适用。所有其他规范行为只能在作出该等行为的相关部委或机构的管辖范围内适用。如《宪法》规定，蒙古国的各省（Aimag）、首府、县（Soum）、县辖区（Duureg）、村（Bag）以及街道（Khoroo）的管辖官员可以颁布法律行为。该等法律行为被称为"法令"且必须符合国家法律。

# 四、司法行为

由于先例不被视为蒙古国的法律渊源，因此，蒙古国现代法律体系中的法院在制定法律方面并没有正式作用。在蒙古国，法官只是适用法律而不会制定法律。各级法院颁布的决定也没有先例价值，且不存在遵循先例这一概念。最高法院的司法决定对所有法院以及出于特殊目的的个人具有约束力，但是对立法没有影响。因此，一般意义上而言，该等决定不会成为法律。

## 第四节　国际法津制度

蒙古参加的国际条约是对蒙古及其议会、内阁和其他国家及其政府或国际组织在某些领域的权利和义务进行规定的双边或多边的书面协议。不论其形式和名称如何规定，国际条约是国家间或政府间的文件。1992 年《宪法》对国际法在蒙古法律系统中的地位进行规定，蒙古国参加的国际条约不能违反《宪法》，在批准或加入后即与国内法律一样生效，且若国内法与国际条约发生冲突，以国际条约的规定为准。

# 蒙 古 国 投 资 法 律 制 度

## 第一节　蒙古国外商投资政策

　　蒙古国鼓励外商在蒙投资。蒙古国家大呼拉尔于 2013 年 10 月通过了《蒙古国投资法》，通过降低关于外国私有投资的监管审批要求和简化外国直接投资的登记流程，促进蒙古国的投资活动。根据重新修订和批准的《投资法》，蒙古国境内的投资者不再区分为国内和国外，法律对投资者一视同仁地进行协调和保护。投资者的财产和收入可以汇往国外，在蒙古设立外资企业与国内企业一样到国家统计局进行登记注册。同时新的《投资法》对于给投资者的支持明确地分类为税收和非税收优惠。但是在一些特殊的领域，如土地、建筑或银行等领域对于外资的监管或者投资形式或准入标准还是有一定的限制。

## 第二节　外资法律体系及基本内容

### 一、《公司法》

蒙古有关投资的法律法规由蒙古国《宪法》、《公司法》、《税务总法》、《蒙古国投资法》（以下简称为《投资法》）及与《投资法》配套出台的其他法律文件①共同构成。

2011 年修订的《公司法》是蒙古国政府将蒙古国公司治理标准与更发达地区和国家的标准靠拢的重要标志。该法对在蒙古国运营的公司从重组到股东义务各个方面事宜均做出了规定，且对国有和地方政府所有的企业私有化后成立的公司作出了特别规定。《公司法》将公司定义为资本为股份所组成、拥有独立的财产，以盈利为目的的法人。公司的股份代表对公司的所有者权益，而不是对公司个别财产的所有权。

### （一）《公司法》管辖范围

2011 年修订后的《公司法》对公司的设立、登记、重组、管理和组织监管结构、股东权利义务及其违约责任作出了规定，对公司的类型进行了划分，并对商业公司的章程进行规范。

除非法律另有规定，在蒙古国境内的公司，不论其所有权类型、财产、产量、内部结构，均受《公司法》的约束。《公司

---

① 如 2013 年 10 月 3 日生效的《蒙古国投资法实施细则》。

法》还对公司设立的基本程序、公司资金、银行业务、财政、保险、证券等方面进行约束，同时其他相应领域的法规对公司在该领域的活动也具有约束力。

根据 2011 年《公司法》的新修订，国有企业或地方所有企业因私有化而设立的公司活动应由《公司法》约束，但是若涉及国有或地方所有企业私有化后公司的设立，则由《国家和地方财产法》管辖。有关国家和地方政府机关作为公司股东的代表事宜由《国家和地方财产法》管辖，但是有关选举董事会独立成员、指定执行董事、董事会委员会、董事会秘书及其活动也由《公司法》管辖。

如果是因为国有及地方所有企业重组而设立国有和地方所有的公司，该公司的活动由《公司法》管辖。根据《公司法》规定，国家大呼拉尔代表国家为该国有企业的所有者，地方公民代表呼拉尔为代表地方政府的地方所有的企业所有者，而代表呼啦尔的股东们可以是政府或者地方公民代表呼拉尔的授权代表人。

非公司的盈利法人的设立程序及其活动规范由其他法律管辖。

## （二）公司的类型

1999 年版《公司法》将公司划分为封闭式公司和开放式公司，封闭式公司和开放式公司的资本都由股份组成，封闭式公司的股份可以公开、自由地进行交易，但是封闭式公司股份的处置受到法律或公司章程的限制。根据新修订的 2011 版《公司法》规定，公司可以划分为有限责任公司和股份公司两种形式。有限责任公司的资本为股份所组成，股份处置的权利受法律或公司章程的限制。股份公司有两种形式：开放式股份公司和封闭式股份公司。

开放式股份公司的资本为股份所组成，是在证券交易所登记的、可以自由公开进行交易的公司。封闭式股份公司的资本为股份所组成，是在管理保证金的机构登记、不能在该机构以外进行股票交易的公司。特殊目的公司是拥有投资基金证书的法人实体。

1. 股份公司。股份公司股东有权自由处分其股份，不需要考虑其他股东的优先权。如果通过证券交易所以外的方式转让其股份，股份公司的股东必须在登记其股份的机构登记。除非章程另有规定，股份公司可以通过公募、私募发行股票和其他证券，通过私募方式发行的股票其购买者可以自由处分这些股票。股份公司股东可以达成协议相互限制处分其股票权利。

2. 有限责任公司。1999年版《公司法》规定有限责任公司的发起人不得超过50人，在有限责任公司成立以后，股东人数不受限制。但是新修订版《公司法》删除了股东人数不受限制的条款，规定有限责任公司的发起人不得超过50人，没有其他例外限制。此外，《公司法》还规定除非公司章程另有规定，只有在私募认购下有限责任公司可以发行股票、股票期权及可转换债券，也可通过公募或私募方式发行其他有价证券。

除非公司章程另有规定，有限责任公司的股东可以依《公司法》和公司章程规定的程序对公司另一股东向第三方提供的股份、股票期权及可转换债券在根据每一个股东持股比例及向第三方的报价在同等条件下有优先购买权。

如果有限责任公司股东打算向第三方出售其股票，该股东必须通知公司该笔交易，由公司书面通知其余股东。但在1999年版《公司法》中该通知义务是由拟转让或出售股票的股东承担的。该通知应该包括该笔股票交易的出卖量、类别、价格、其他股东每人可购买的股票量、其他股东可优先购买的期限和行使优先权的程序。享有优先权的股东需要在规定期限内书面通知公司其决定使用该权利。通知应包括其全称、住址、购买量、确认支付的文件。

除非公司章程另有规定，股东有权全部或部分购买，或全部或部分转让，其优先权于其他股东。如果公司股东并未在规定期限内全部行使其优先权，未行使优先权的部分应被视为转让给公司，公司应在自通知注明的时间结束后五个工作日内决定是否行使权利。如果公司和股东均未行使全部优先权，则出卖方可以以不低于通知中注明的价格将未被其他股东或公司购买的股份出卖给第三方。

有限责任公司的所有股东都有接收所有有关公司、财务及其他文件的权利。

3. 公司类型的变更。股份公司可以变更为有限责任公司，有限责任公司也可以变更为股份公司。董事会（如果没有，则执行机构）向股东会提出变更重组决议。变更公司类型的决议需要由出席会议的有表决权的股东以压倒性的多数通过后方为有效。变更决议应包括：变更的期限、目的、条件、程序，旧债券换新债券的步骤、变更日期、股东会召开日期。如果董事会（如果没有，则执行机构）认为有必要，可以根据《公司法》可以要求召开股东会，股东会可以批准新章程和公司治理结构的设立及其他应该在变更公司类型决议中应该包括的内容。如果公司变更类型，其权利义务由变更后的公司承担，公司名称和章程也应作出相应修改以反映变更后公司类型的变化。

4. 受控公司和子公司。如果一家企业被控股公司单独或联合地拥有其普通股的20%～50%，则这家公司被认定为受控公司，受控公司是拥有独立财务报表的法人。子公司是由母公司拥有50%以上普通股的公司。子公司应该不仅有独立的财务报表，且其与母公司也应该有汇总的财务报表。

除非法律和母子公司、控股和受控公司的协议另有规定，受控公司对控股公司或子公司对母公司的债务不承担责任，控制公司对受控公司或母公司对子公司的债务不承担责任。如果由于母公司的决定导致子公司无力偿还债款，则由母公司对该笔欠款承担连带责任。如果子公司的实际损失是由于母公司的决定造成，则子公司的股东可以对母公司提出该笔损失的抗辩。

若控股公司或母公司是第三方公司的受控公司或子公司，该控股公司和母公司的受控公司和子公司应视为第三方公司的受控公司和子公司。这种认定也适用于更长的层次。受控公司或子公司可以拥有其控股公司或母公司的股票，但子公司拥有的股票无投票权而且召开股东大会时其股票也不认为是确定召开股东大会所需的法定人数票。如果子公司将这些股票转让给第三方，则这些股票权利（包括投票权利）也同样转移到第三方。

除非为履行控股公司和受控公司或母公司与子公司为合作而订立的协议的义务，控股公司或母公司应在其作为股东权限内应参与其受控公司和子公司的活动。国家或其他法律实体应通过公司章程中规定的授权代表行使相关股权及投资回报，在行使代表权时，代表应当依法及公司章程中对授权代表的特别规定行使权利。如果该授权代表不遵守相关规定则公司有权撤销该授权代表。

此外，新修订的《公司法》还对联合企业做出特别定义，如果一家公司被母公司或控股公司独立，或与其子公司或受控公司联合拥有控制权，在母公司控制该公司的行政决策时该公司则属于联合企业。

5. 分公司和代表处。根据《公司法》第7.1条和第7.2条的规定，分公司是位于公司主要办事机构所在地以外的单位，分公司可以行使公司的部分或全部的主要职能，也可行使公司代表处的职能。代表处是位于公司主要办事机构所在地以外的单位，可从事代表公司法定代表的职能，包括保护公司合法利益或代表公司订立交易。

公司可以在蒙古国或外国设立分公司或代表处。除非公司章程另有规定，设立分公司或代表处的决议须由董事会（如果没有，则通过股东会）决定。在蒙古国的外国公司的分公司或代表处应在国家注册局登记。若蒙古国参与的国际条约没有其他规定，则蒙古国公司的分公司或代表处在外国的设立将受该国法律的管辖。

分公司或代表处不是法人实体，应该根据公司的要求开展活动。分公司或代表处的财产应在设立这类机构的同时能够在公司的资产负债表上有所反映。公司对分公司或代表处代表公司开展的活动负责。除非公司章程规定，董事会（如果没有，则通过股东会）应为每一个分公司或代表处指定一个授权代表并且通过公司的委托书行使决定权。

## （三）公司和股东责任

《公司法》和公司章程都可以规定股东的权利，股东主要权利是取得分红，参加股东大会，表决议案，参与清算，对清算后的剩余财产进行分配。公司的财产由公司财产和财产权组成，公司以其全部资产对外承担责任。公司对股东义务不承担责任。公司股东不对公司的义务承担责任，只以投资公司的资本为限承担损失。如果股东单独或与其受控人联合持有公司 10% 以上的股份，或有权控制或决定公司的管理或活动的，该股东应在其财产限度内对非法运用控制或决定权造成的公司损失承担责任。如果不能区分股东其他财产和股东投入公司的财产和财产权，则股东以其投入的财产、财产权和其他财产及财产权为限对公司承担责任。

## （四）设立公司

根据《公司法》第 11 条规定，公司可以直接设立，也可以通过兼并、合并、分离、分立、转变重组而设立。如果公司是由于国有企业或地方所有企业私有化而设立，则国家为公司的发起人，此类公司的股份认购、出卖和转让受《国家和地方财产法》约束。

1. 直接设立。蒙古国公民或法人，或法律允许的外国公民或法人或无国籍人都可以作为公司的发起人。公司发行的股份可由蒙古国公民或法人持有，也可由外国公民或法人或无国籍人持有。公司可以只有一个发起人，不要求公司发起人持有公司的股份。国家及其代理机构可以成为以下情况的发起人或股东：①公司是由国有或地方所有的企业私有化而成立的；②通过国有企业重组而形成的国企；③根据实体法，公司被认为破产，由国家持有的债转股须在三年内出售；④公司是与外国法人或法律允许的其他公司共同设立。

公司发起人共同为其设立公司的设立、登记费用负责。如果公司发起人在创立大会上决议或公司董事会或单独发起人发出决议，公司可以负担这些费用。发起人支付完毕相应费用后有权从其他发起人处取得其他发起人拥有或认购的股票价值所应承担的费用的补偿费，或得到额外的等于这些费用的股票。公司的发起人或公司股东可以同时是另一家公司的发起人或股东。

公司应根据发起人大会的决议设立，如果有多个发起人，发起人可以达成协议。该协议包括发起人合作的条款，每位发起人的义务、职务、价格、数目、认购日期和其他必要事项。发起人协议不是创立文件。设立封闭式股份公司可以通过私募认购将股票提供给一定数量的股东设立。发起人可通过认股证来表明认购，认股证明包括认股证认购者的姓名或名称、类别、职务、认购数量、总价和认购日期。当认购人或其授权代表签署认股证时认购义务产生。认购结束后的 30 个工作日内须将所认购股票总值全部支付给公司。如果由于某种事由，创立大会决定公司未能在预定日期设立，发起人将在预定日期后 14 个工作日内返还认购者的预付款。

发起人应召开创立大会。除非发起人一致同意，创立大会上发起人有平等的投票权。创立大会发起人将决议以下事项：通过设立公司的决议；公司章程；授权股票数、将发行数量、公司设立时发起人获得这些股票的价格；若设董事会，选举董事会成员，决定其报酬；公司设立过程中发生的费用的补偿程序；认购股票的付款日期。除非发起人协议另有规定，如果发起人均出席会议构成法定人数，决议将由出席会议的有表决权的股东以压倒性多数原则通过。创立大会主席从出席会议的发起人中产生。

如果发起人提议用非货币支付认购的股份，如认为必要，非货币的价值将由评估机构或其他专家评估，而且该决议还需提交大会通过。通过公司设立决议后的 30 个工作日内，发起人将向国家注册局提交登记之需文件，包括公司章程。

公司章程是表明公司已经设立的基本文件。公司的章程应该包括公司的全称和表明公司组织形式的缩写；授权普通股数量、级别、每股价值及股本数量；如有优先股，还应包括优先股数量及其所有人享有的权利；如有董事会，董事人数；股东在股东会所享有的权利或监事会享有的除本法列明的权利外的权利；公司经营类型和根据《公司法》规定的公司章程应该包括的其他条款。公司章程也可列明与民法或其他实体法不冲突的其他条款。

章程修正案或采用新章程均须由出席会议的有表决权的股东以压倒性多数通过。如果章程修正案或采用新章程导致股东权利减少或受到限制，投票反对修正案或新章程或没有参加投票的股东，有权根据《公司法》第 53 条和第 54 条要求公司赎回其股票。章程修正案或新章程应向国家注册局登记，登记时须提交公司法定代表人签署的赞成变动或新章程变动登记申请；股东会对修正案或新章程的决议，修正案或新章程的内容；公司章程的全文；确认已经支付相关费用的文件。通过章程修正案或新章程决议后 10 天内公司将根据法定程序申请登记。提交上述所列文件的 3 个工作日内国家注册局将决定给予变更登记或不予变更登记。

如果章程修改或新章程不符合《公司法》相关规定，国家注册局将不予登记。在国家注册局做出决定后 3 个工作日内，将拒绝的书面通知发给申请书上所列通讯地址的该公司。如果公司对该决定不服，可以向法院起诉。章程修正案或新章程在国家注册局登记后生效。

2. 重组设立。公司可以通过股东会决议，根据《公司法》相关程序通过合并、兼并、分立、分离、转变进行重组。如法律有规定公司，也可以根据法院要求，通过分离或分立进行重组。除兼并重组外，公司在国家注册局进行公司重组登记的日期将视为重组日。如果由兼并方式进行重组，被兼并企业在国家注册局登记的终止日期作为公司重组日，如果兼并企业章程变化，则这些企业章程变化登记之日视为重组日。通过公司重组决议后的 15 个工作日内，重组公司应书面通知债权人和其他经营业务方，通知包括：重组形式；参与重组的企业名称、经营地址；重组后所设立的新公司；决议重组日；以分离、分立的方式进行重组，重组后的每家公司的预计资产负债表。股份公司应在通过重组或清算决议后的 3 个工作日内通知金融监管委员会和相关证券交易所。如果金融监管委员会根据《证券市场法》通过了股份公司重组或清算的决定，则应该在国家登记处登记。

3. 合并设立。公司合并意味着两个或多个公司法人终止，并且其权利义务、责任转移给新设公司。参与合并的每个公司董事会（如果没有，则执行机构）将各自向股东会提交讨论合并决议。合并协议包括：合并的期限、条件、程序、通过的合并后公司新章程及各个公司可转换债券转为新合并企业债券或其他财产的程序。参与合并的每家公司都需要以出席股东会的有表决权的股东以压倒性多数通过合并决议和合并协议方有效。合并协议应注明合并后公司的总股数及合并后首次股东会召开的日期。股东会上股东应通过批准合并后公司的章程，如果合并公司设有董事会，则应在会上选举成员。在股东会上，每名与会股东根据合并协议所列每位股东的表决权数而拥有相应的表决权。

4. 兼并设立。兼并是指一个公司法人资格终止，其权利义务责任转移到另一家公司。董事会（如果没有，则执行机构）须将兼并决议和兼并协议提交股东会讨论。除拟合并的条件和程序，兼并协议还应包括被兼并公司的证券转为存续企业的证券或其他财产的程序。参与兼并的每个公司的兼并决议和兼并协议须由出席会议的有表决权的股东以压倒性多数通过后方有效。如在兼并前，存续企业拥有被兼并企业75%以上的普通股，且如果无须修改兼并企业章程就可以使兼并有效，则董事会（如果没有，则股东会）可以通过兼并决议来决定使本次兼并有效的程序。

5. 分立设立。分立意味着公司法人资格终止，其权利义务转移至一个或多个新设企业。除非分立企业决议另有规定，被分立企业普通股的持有者应被视为与被分立企业普通股的持有比例相同的持有新设企业的普通股。被分立企业的董事会（如果没有，则被分立的执行机构）须将下列事项提交股东会讨论：分立决议、将新设一家或多家公司的提议、每一家新公司和被分立公司的预计资产负债表、将被分立公司的证券转为新公司的证券和其他财产的程序。分立决议由出席会议的有表决权的规定以压倒性多数过，方有效。通过分立而设立的每个新公司的股东会均应通过各自新的公司章程，若公司设立董事会，须选举董事会。分立决议应该包括举行股东会的条款。分立后公司的权利义务及责任应转移到资产负债表上所列的新设公司。1999年版《公司法》规定，除分立决议另有规定，每家新设公司对其根据分立决议对其他分立所设新公司负责。但是2013年版《公司法》对新设公司应该承担的责任规定为"从属债务人（secondarily liabilities）"。

6. 分离设立。公司分离表明转移公司的部分财产、权利于一家或多家新设公司，转让公司不终止其法人资格，若公司通过分离的方式重组，重组公司即成为新设公司所有股份的持有者。公司董事会决议（如果没有，则执行机构）应该通过进行公司分离的决议，该决议应包括以下内容：分离期限、条件、分离程序、分离企业和每家新设公司的预计资产负债表。各新设公司股东会需通过批准各自的章程，如果这些公司有董事会，须选举董事会。通过分离重组的公司仍对其债务负责。资产负债表可表明各新设公司承担的债务额，重组公司对这些新设公司的债务负责。分离后新设公司发行的全部或部分债券可根据规定作为红利转移给重组后公司的股东。

## 二、《蒙古国投资法》

《外商投资法》自 1993 年颁布实施以来，一直是规定外商直接投资领域的重要法规。2012 年颁布的《外国投资战略意义领域协调法》，扩大了政府或议会审查私人或国有的外国投资者在有重要战略意义的行业的自由裁量权，如矿产业、银行业、金融业和通信业等。此外，《外国投资战略意义领域协调法》对特殊领域商业实体的股权结构的强制性要求也赋予了一定的自由裁量权。但是在该法中对于外国国有企业并没有明确定义。2013年 11 月 1 日生效的新《投资法》取代了前两部关于投资的法律并明确了《外国投资战略意义领域协调法》中不明确的地方，使在蒙古设立公司的登记程序更为简单，以便吸引外商在蒙投资。

《投资法》的新特点主要包括：该法同时适用外国投资者和国内投资者，法律对投资者一视同仁地进行保护和权益协调；简化了外国投资企业设立分公司的程序，统一在国家注册局登记注册；取消了对某些领域中针对外国投资者的主观性较强和令人混淆的审批要求；增加了"外国投资企业"在蒙古投资的最少投资额要求，如果外国投资企业持有 25% 以上股份，则每位外国投资人的投资额至少为十万美元或等额图格里克；对外国国有法人的定义进行规定并明确国家在外国国有公司中持有的最低股份要求；取消了对外国私人投资进行战略性经济领域分类，但保留了部分审批要求；指定经济发展部（后与财政部合并）为某些外国国有法人投资的审批机关；为刺激蒙古国经济，以法律方式保证对蒙古投资者的税收和非税收优惠；通过"稳定证书"和"投资协议"给予税收优惠；设立编外委员会就颁发稳定证书进行评估。

此外，蒙古的"战略性行业"是一个主观性较强、没有明确定义的概念，但经 2013 年版《投资法》颁布施行后，投资者可以向任何投资领域进行投资，法律仅对外国国有企业法人及外国投资者对部分领域的投资进行了一定的限制，如《土地法》规定外国投资企业只能"使用"土地；若外国投资企业拟在蒙古从事建筑行业、申请特别许可证，需向相关部门提供其在本国已领取的特别许可证；对进入蒙古银行业的外国投资企业的特殊要求；国家和地方财政投资低于 100 亿图格里克的工程、商品采购、服务的招标活动禁止外国法人参加[1]；蒙古国的特别保护区禁止外资企业使用土地；等等。

## （一）投资形式

根据《投资法》规定，外国投资者可以通过成立一家外国投资企业或者成立一个外国法人代表处，在蒙古开展投资活动。"外商投资企业"是指按照蒙古国法律法规成立，外国投资人占有股份 25% 或以上且每位外国投资人的投资额超过 10 万美元或等额图格里克的企业。根据《投资法》规定，在蒙古可以通过

---

[1]　《国家及地方财政资金购买商品、服务法》第 9 条。

以下形式进行投资：（1）单独或与其他投资人合作成立企业；（2）购买股票、债券和其他有价证券；（3）通过并购、合并公司的方式进行投资；（4）签署租让权、产品分成、市场营销、经营管理合同和其他合同；（5）融资租赁和专营权形式的投资；（6）法律未禁止的其他形式。尽管法律规定了"投资企业"投资的多种形式，但实际上，有限责任公司是蒙古国开展投资的最普遍的形式。有限责任公司，包括股份企业，必须在国家注册局（Legal Entity Registration Office，LERO）登记注册，在国家注册局颁发登记证书之日视为公司法定成立之日。在蒙古注册公司是相对比较直接的，根据当地律所的实际经验，大约需要四到六个星期完成登记注册的程序，完成国家注册局手续需要大概一到两周。

## （二）外国国有资产法人在蒙古的投资

《投资法》对外国国有资产法人进行了明确定义，规定外国国有资产法人是指是指公司 50% 及以上股份被外国国家直接或间接持有的法人。

当外国国有资产法人占有法人总股份比例达到 33% 或以上时，在矿业、金融、新闻通讯领域开展经营活动必须获得批准。《投资法》规定了审批的程序和需要提交的文件（需按蒙古语提供），包括：

（1）由注册机构颁发并经公证的，申请法人注册登记证件复印件；

（2）由注册登记机构出具的关于申请方、共益方及《投资法》第 21.1 条[①]所指的法人的执行管理方面最近两年的信息资料；

---

① 《投资法》第 21.1 条规定在矿业、金融、新闻通讯领域开展经营活动的外国国有资产法人如其占有比例达到 33% 或以上时必须获得批准。

（3）外国国有资产法人与蒙古国企业之间事先达成的协议及其种类、条件、参与缔约各方、收购股份数量和占股比例、合同价格及法人章程，若达成的协议将会变更法人管理层，则有关该协议的相关信息；

（4）外国国有资产法人和参与协商的蒙古国企业财务报告及其说明；

（5）申请法人在蒙古国的投资计划及商业规划。

主管投资事宜的政府中央机关（如外国投资局），会主要审查投资人的一切行为及投资性质是否与蒙古国国家安全理念相悖；申请人是否具备遵守蒙古国法律及商业通用规则的条件；投资是否含有在该行业中造成限制或建立优势地位特征；投资是否对蒙古国财政预算收入、其他政策及业务造成严重影响；等等。此项审查将在 45 天内做出决定，并在决定之日起 5 日内告知申请人。

## （三）投资优惠政策

1. 税收优惠。《投资法》鼓励外商投资，对投资者实施的优惠政策包括税收和非税收两个部分。蒙古政府对投资者的税收优惠包括免税、减税、加速式核减纳税收入中的折旧费、从未来收入中核减纳税收入中的亏损和纳税收入中核减员工培训费用。

在建设建材、石油、农牧业加工和出口产品工厂，建设包含纳米技术、生物技术和科技创新产品工厂，建电厂及铁路时免除进口机器设备在安装过程中的关税并可将增值税税率降至零。

此外，还可按税法调整对投资者提供的上述两种优惠政策。

2. 非税收优惠。非税收优惠政策按以下形式提供：（1）允许以合同占有、使用土地最长 60 年，并可按原有条件延期该期限最长至 40 年；（2）向自由贸易区、工业技术园区经营的投资者提供扶持，简化注册登记和检验通道手续；（3）扶持基础设施、工业、科技、教育建设项目，增加引进外国劳务及技术人员数量，免除岗位费，简化相关许可的审批；（4）扶持科技创新项目的融资，向生产出口型创新产品的融资提供担保；（5）依法向在蒙投资的投资者及其家人发放多次往返签证及长期居住许可；（6）法律规定的其他扶持。同时也可按《土地法》、《自由贸易区法》、《工业技术园区地位法》、《科技创新法》、《劳务输出与劳务及技术人员输入法》以及其他相关法律调整对投资的非税收扶持。

3. 稳定投资环境。为创造稳定的投资环境，《投资法》特别规定了稳定税收比例、稳定税种和稳定证书条款。稳定证书是由外国投资局向符合一定条件的投资者颁发的"证书"，并对投资项目实施法人实施稳定税率。①

投资人可以向主管投资事宜的机关申请稳定证书，并提交符合授予条件的声明；申请法人的介绍、国家注册登记证、如法律有规定则提交权力部门授予的特别许可证及其他证件复印件；推广新技术工艺方面的介绍；法律规定的自然环境影响总体评估；如果项目投资额在 100 亿图格里克以内则提交商业计划，超过100 亿图格里克则提交可行性研究报告。

当投资法人在蒙古国实施的项目完全符合下列条件时，政府将自受理申请之日起 30 日内授予稳定证书，如认为有必要可延长 15 天：

（1）商业计划、可行性研究规定的投资总额达到《投资法》规定的额度（见表 2－1 和表 2－2）；

（2）如法律有规定则已做自然环境影响评估；

（3）创造稳定的就业岗位；

（4）推广新技术工艺。

---

① 根据《投资法》第 13.6 条规定："对生产、进口、销售烟和酒精饮料的经营行为不提供税率稳定。"

稳定证书上会反映证书持有法人的名称及地址；国家注册登记证号及企业代码；如果是由关联的两家或两家以上公司投资的项目，则还应包括其母公司的名称、国家注册登记号和企业代码；实施的投资项目名称；授予稳定证书的年月日及有效期；在稳定证书有效期内的各税费的税率等内容。稳定证书不得向其他投资者出售、抵押或赠与。如果稳定证书持有法人通过并购、合并等形式进行改制，且该法人继续实施投资项目且投资法人在蒙古实施的投资项目完全符合授予条件，则稳定证书将转移至新的法人或继承其权利的法人。

稳定证书将以投资项目的组织形式授予，如果投资项目由一个法人单独实施则将该稳定证书授予该法人；如果投资项目由关联的两个或两个以上法人实施的，则将该稳定证书授予其母公司。

在矿业开采、重工业、基础设施领域授予稳定证书的条件见表 2 - 1。

表 2 - 1　在矿业开采、重工业、基础设施领域授予稳定证书的条件

| 投资额（10亿图格里克） | 授予稳定证书的期限（年） | | | | |
|---|---|---|---|---|---|
| | 乌兰巴托区域 | 中部区域（戈壁松贝尔、东戈壁、戈壁、达尔汗乌勒、戈壁楞格、中央） | 杭爱区域（后杭爱、巴彦洪格尔、布尔干、鄂尔浑、前杭爱、库苏古尔） | 东部区域（东方、苏赫巴托、肯特） | 西部区域（巴彦乌列盖、戈壁阿尔泰、扎布汗、布苏、布多） |
| 30~100 | 5 | 6 | 6 | 7 | 8 |
| 100~300 | 8 | 9 | 9 | 10 | 11 |
| 300~500 | 10 | 11 | 11 | 12 | 13 |
| 500以上 | 15 | 16 | 16 | 17 | 18 |

在其他领域稳定证书的授予条件见表 2 - 2。

表 2 - 2 在其他领域授予稳定证书的条件

| 投资额（10亿图格里克） | | | | | 授予稳定证书期限（年） |
|---|---|---|---|---|---|
| 乌兰巴托区域 | 中部区域（戈壁松贝尔、东戈壁、中戈壁、达尔汗乌勒、南戈壁、色楞格、中央） | 杭爱区域（后杭爱、巴彦洪格尔、布尔干、鄂尔浑、前杭爱、库苏古尔） | 东部区域（东方、苏赫巴托、肯特） | 西部区域（巴彦乌列盖、戈壁阿尔泰、扎布汗、乌布苏、科布多） | |
| 10 ~ 30 | 5 ~ 15 | 4 ~ 12 | 3 ~ 10 | 2 ~ 8 | 5 |
| 30 ~ 100 | 15 ~ 50 | 12 ~ 40 | 10 ~ 30 | 8 ~ 25 | 8 |
| 100 ~ 200 | 50 ~ 100 | 40 ~ 80 | 30 ~ 60 | 25 ~ 50 | 10 |
| 200 以上 | 100 以上 | 80 以上 | 60 以上 | 50 以上 | 15 |

当生产可代替对国家经济社会长期稳定发展具有重要意义的进口商品或出口商品项目、按可行性研究报告获得批准之日的央行正式汇率投资额超过 5 000 亿图格里克[①]的项目、建设工期需要三年以上的项目可不受地理位置、领域限制，或者从事加工生产高附加值产品，并将基本产品出口时，项目投资人的稳定证书期限按照上述批准期限的 1.5 倍授予。完成投资期限自授予稳定证书之日起开始计算，稳定证书的持有人可以向政府申请延期，最长可延期两年。

持有稳定证书的投资人可享受稳定的税收比例（税率）[②] 和稳定税种，包括企业所得税、关税、增值税和矿产资源补偿费。稳定证书自授予之日起生效，且在有效期内保持稳定税收比例和数额。稳定税率只依据《投资法》和《投资法》规定的投资合同调整。在稳定证书有效期内对企业的企业所得税、关税、增值税和矿产资源补偿费修改降低的，该修改适用于稳定证书持有

① 以 2015 年 10 月 26 日星期一的汇率计算，约为 3.5 亿美元。
② 除《投资法》规定的核能领域投资协定外，稳定税率只依据《投资法》及《投资法》规定的投资合同调整。

人，但若该修改增加相应税率，则不适用于稳定证书持有人。

相关主管机关可以依据下列原因作出决定注销稳定证书的决定：稳定证书有效期届满；稳定证书持有法人提出申请或该法人被注销；稳定证书持有法人已全部撤回、转移在蒙古国的投资；有证据证明稳定证书持有法人因提供非法证明材料而获得稳定证书；如果稳定证书持有法人通过并购、合并等形式进行改制，而权利继承方不符合要求；向他人出售、抵押、赠予稳定证书；有证据证明外国国有法人在矿业、金融和新闻通讯领域开展经营活动时未获得规定的许可；稳定证书持有人未在规定的期限完成投资；稳定证书持有人签订了投资协议。

4. 稳定投资协议。根据投资人申请，政府机关还可与投资额超过 5 000 亿图格里克①的投资者签署投资协议，可按照不低于上述表 2 - 1、表 2 - 2 中规定的期限签署投资协议，在投资协议中可列出国家为投资者提供法律保障、稳定税收环境、给予协调和融资扶持的条件。

《投资法》还规定了限制条件及违反《投资法》应承担的责任，如《投资法》不适用于国际机构、民间组织和私营企业、公民以非商业条件提供的捐助和无偿援助的投资。对认定稳定证书提供非法材料获取的相关责任人处以最低工资标准 25～50 倍的罚款，对法人则处以最低工资标准 100～200 倍罚款，补缴应缴税款，没收非法所得。

## 三、《中国和蒙古关于鼓励和相互保护投资协定》

为发展两国的经济合作和友好关系，中国和蒙古在相互尊重主权和平等互利原则的基础上，为鼓励和保护缔约国一方的投资

---

① 根据 2015 年 10 月 26 日星期一的汇率计算，约为 3.5 亿美元。

者在缔约国另一方领土内的投资，并为之创造良好的条件，达成《中国和蒙古关于鼓励和相互保护投资协定》。

## （一）相关定义

《中国和蒙古关于鼓励和相互保护投资协定》中的"投资"是指缔约国一方投资者依照缔约国另一方的法律和法规在后者领土内投资的各种财产，主要包括动产和不动产的所有权及其他财产权利，如抵押权、质权；公司的股份、股票和债券或该公司财产中的权益；金钱请求权或具有经济价值的行为请求权；著作权，工业产权，专有技术和工艺流程；依照法律授予的特许权，包括勘探和开发自然资源的特许权。而"投资者"是指具有中华人民共和国国籍或蒙古人民共和国国籍的自然人和依照中国的法律设立，其住所在中华人民共和国领土内的经济实体或根据蒙古法律设立或组成并依照该法律有权在缔约国另一方领土内投资的经济实体。

根据《中国和蒙古关于鼓励和相互保护投资协定》规定，缔约国一方应鼓励缔约国另一方的投资者在其领土内投资，并依照其法律和法规接受此种投资并在其领土内从事与投资有关活动的缔约国另一方国民获得签证和工作许可提供帮助和便利。

缔约国一方的投资者在缔约国另一方领土内的投资、收益[①]和与投资有关的活动应受到公正与公平的待遇和保护。该协定中规定的待遇和保护[②]不应低于给予任何第三国投资者的投资、收益和与投资有关的活动的待遇和保护。

---

[①] "收益"一词系指由投资所产生的款项，如利润、股息、利息、提成费和其他合法收入。

[②] 但此种"待遇和保护"不包括缔约国另一方依照关税同盟、自由贸易区、经济联盟、避免双重征税协定或为了方便边境贸易而给予第三国投资者的投资的任何优惠待遇。

## （二）国有化和征收

除非为了社会公共利益的需要，缔约国一方投资者在缔约国另一方领土内的投资不得被国有化、征收或采取其效果相当于国有化或征收的措施。如为社会公共利益需要，征收应在非歧视的基础上，依照法律程序进行，并给予被征收者相应补偿[①]。

缔约国一方的投资者在缔约国另一方领土内的投资，如果由于战争、全国紧急状态、暴乱、骚乱或其他类似事件而遭受损失，若缔约国后者一方采取有关措施，其给予该投资者的待遇不应低于给予第三国投资者的待遇。

## （三）对缔约国投资的保护

缔约国任何一方应在其法律和法规的管辖下，保证缔约国另一方投资者转移在其领土内的投资和收益，包括：利润、股息、利息及其他合法收入；投资的全部或部分清算款项；与投资有关的贷款的偿还款项；该协定规定的提成费；技术援助或技术服务费、管理费；有关承包工程的支付和在缔约国一方领土内从事与投资有关活动的缔约国另一方国民的收入。缔约国另一方投资者在其领土内的投资和收益的转移，应依照转移之日接受投资缔约国一方通行的汇率进行。

如果缔约国一方或其代表机构对其投资者在缔约国另一方领土内的某项投资作了担保，并据此向投资者作了支付，缔约国另一方应承认该投资者的权利或请求权转让给了缔约国一方或其代表机构，并承认缔约国一方对上述权利或请求权的代位。代位权利或请求权不得超过原投资者的原有权利或请求权。

---

① 该补偿应等于宣布征收时被征收的投资财产的价值，应是可以兑换的和自由转移的。补偿的支付不应无故迟延。

## （四）有关本协议的争议解决

缔约国双方对本协定的解释或适用所产生的争端应尽可能通过外交途径协商解决。如在6个月内通过协商不能解决争端，根据缔约国任何一方的要求，可将争端提交专设仲裁庭。专设仲裁庭由三名仲裁员组成。缔约国双方应在缔约国一方收到缔约国另一方要求仲裁的书面通知之日起的两个月内各委派一名仲裁员。该两名仲裁员应在其后的两个月内共同推举一名与缔约国双方均有外交关系的第三国国民为第三名仲裁员，并由缔约国双方任命为首席仲裁员。

如果在收到要求仲裁的书面通知后4个月内专设仲裁庭尚未组成，缔约国双方间又无其他约定，缔约国任何一方可以提请国际法院院长任命尚未委派的仲裁员。如果国际法院院长是缔约国任何一方的国民，或由于其他原因不能履行此项任命，应请国际法院中非缔约国任何一方国民的资深法官履行此项任命。

专设仲裁庭应自行制定其程序规则。仲裁庭应依据本协定的规定和缔约国双方均承认的国际法原则作出裁决。仲裁庭的裁决以多数票作出。裁决是终局的，对缔约国双方具有拘束力。应缔约国任何一方的请求，专设仲裁庭应说明其作出裁决的理由。缔约国双方应负担各自委派的仲裁员和出席仲裁程序的有关费用。首席仲裁员和专设仲裁庭的有关费用由缔约国双方平均负担。

## （五）中蒙两国投资者因投资产生的争议解决

缔约国一方的投资者与缔约国另一方之间就在缔约国另一方领土内的投资产生的争议应尽量由当事方友好协商解决。如争议在6个月内未能协商解决，当事任何一方有权将争议提交接受投资的缔约国一方有管辖权的法院。

如涉及征收补偿款额的争议，在友好协商加 6 个月内仍未能解决，可应任何一方的要求，将争议提交专设仲裁庭。如有关的投资者将争议提交法院程序，则不能再提交给专设仲裁庭。

该仲裁庭应按下列方式逐案设立：争议双方应各任命一名仲裁员，该两名仲裁员推选一名与缔约国双方均有外交关系的第三国国民为首席仲裁员。先推选的两名仲裁员应在争议任何一方书面通知另一方提出仲裁后的两个月内任命，首席仲裁员应在 4 个月内推选。如在规定的期限内仲裁庭尚未组成，争议任何一方可提请解决投资争端国际中心秘书长作出必要的委任。

仲裁庭应自行制定其程序。但仲裁庭在制定程序时可以参照解决投资争端国际中心仲裁规则。仲裁庭的裁决以多数票作出，裁决是终局的，对争议双方具有约束力。缔约国双方根据各自的法律应对强制执行上述裁决承担义务。仲裁庭应根据接受投资缔约国一方的法律（包括其冲突法规则）、《中国和蒙古关于鼓励和相互保护投资协定》的规定以及缔约国双方均接受的普遍承认的国际法原则作出裁决。

争议各方应负担其委派的仲裁员和出席仲裁程序的费用，首席仲裁员的费用和其他费用应由争议双方平均负担。

## （六）其他规定

如果缔约国一方根据其法律和法规给予缔约国另一方投资者的投资或与投资有关的活动的待遇较《中国和蒙古关于鼓励和相互保护投资协定》的规定更为优惠，应从优适用。

为审查本协定的执行情况、交换法律情报和投资机会、解决因投资引起的争议、提出促进投资的建议、研究与投资有关的其他事宜，中蒙双方代表应不时进行会谈。若缔约国任何一方提出因审查本协定的执行情况、交换法律情报和投资机会、解决因投资引起的争议和提出促进投资的建议等事宜产生的任何问题进行磋商，缔约国另一方应及时作出反应。磋商可轮流在北京和乌兰巴托举行。

## 四、《蒙古国矿产资源法》

蒙古国是世界上矿产资源丰富国家之一，是一个以矿产业为基础的国家。已探明有 80 多种矿产资源和 1 100 多个矿床，其中煤、铜、稀土、磷、萤石的资源储存量居世界前列。但因其经济欠发达，市场容量相对较小，缺少资金和技术，并未开展大规模勘探开发。近年来，为吸引外国投资，蒙古国完善了相关法律法规，如 2014 年开展的为启动国内经济并扭转外商投资急剧下滑局面的百日改革。同时，政府还取消了某些影响外商投资活动的法案。

蒙古从 1993 年开始发放矿产勘探和开采特别许可，在发放矿产许可初期，正值蒙古大力推行私有化改革，有许多矿权均流落到私人手中，加上缺乏有效的管理，矿权囤积和炒作随之升温。矿产许可黑市交易频繁，欺诈炒作案件时有发生。一边是"矿产属于国家所有"的法律规定，一边是宪法应该保护私有财产（包括矿产特别许可）的规定，使蒙古政府对矿产资源开发的管理面临失控的危险。十多年的实践证明，矿权的争夺和许可证的倒卖并没有切实推动蒙古国的矿产资源开发，对经济社会发展的贡献率也很有限，矿产资源开发的混乱局面亟须整顿和规范。2006 年 7 月 8 日，国家大呼拉尔通过了《蒙古国矿产资源法》（以下简称《矿产法》），1997 年通过的《矿产法》随之废除。

### （一）国家对矿产的参与条件和股比

《矿产法》将矿产分为三类："有战略意义的"、"普遍分布的"、"一般的"。对"战略矿"的术语解释为"正在或可以进行的生产足以影响国家安全、国家和地区经济社会发展，或每年产量占国内生产总值5%以上的矿"。与私有法人合作开采利用国家预算资金勘探并已确定储量的战略矿时，"国家参股比例最高可达到50%，具体比例参照国家投入的资金额通过开矿合同确定；合作开采勘探过程中没有使用国家预算资金并已确定储量的战略矿，国家最高可以持有相当于该矿持有者投入资金34%的股份，具体比例参照国家将投入的资金额通过开矿合同确定。"通过这些规定，国家从关系国计民生的大矿入手加强了对矿产资源的控制，真正贯彻"蒙古国地表和地下自然存在的矿产归国家所有"的规定。

## （二）规范许可证的发放和管理

根据《矿产法》规定，勘探和开采特别许可（1997年《矿产法》中称为许可证）只授予依据蒙古国法律法规成立、正在从事经营活动、向蒙古国纳税的法人。而1997年《矿产法》则有"蒙古国公民、外国公民、法人有权获得勘探许可证"的规定。2006年《矿产法》增加了"特别许可持有者在下一年第一季度内向公众公布当年销售的产品数量、向国家和地方预算缴纳的税收、费用来源"的条款。还规定了勘探特别许可持有者每年在每公顷特别许可所属场地上要完成的勘探工作的最低支出额度，如果当年完成的勘探工作支出少于本法规定的最低支出额度，这将成为国家行政机关废止特别许可的基础之一。采取这些措施有利于整顿和规范蒙古矿产许可证的混乱状况，有利于避免许可证的囤积、炒作、欺诈行为，改善蒙古国矿业投资环境。

## （三）缩短矿产开采特别许可的总有效期限

矿产开采特别许可初次颁发的期限由1997年《矿产法》中

的 60 年缩短为 30 年，延期由原来的一次 40 年变更为两次 20 年。每公顷勘探场地的勘探特别许可第一年、第二年、第三年的费用金额分别由原来的 0.05 美元、0.1 美元、0.1 美元提高到 0.1 美元、0.2 美元、0.3 美元。特别许可所属矿区每公顷的矿产开发许可费用金额也大幅提高。矿产资源开采费用由原来的 2.5% 调高到 5%。如果特别许可持有者录用外国公民的比例超过总员工数的 10% 时，每个工作岗位每月缴纳相当于最低劳动工资 10 倍的费用。这对于促使投资者在开采伊始就进行大规模投资，进行大规模开采以降低有效期限制带来的风险及降低开采成本将起到积极的导向作用。

## （四）提高签订投资合同的投资基数，增加了投资合同审批部门和环节

2006 年《矿产法》规定，在矿产开发活动的前 5 年在蒙古国领土上投资额不低于 5 000 万美元水平的开采特别许可持有者提出申请时，可以与其签订投资合同（1997 年《矿产法》中称为"稳定状态合同"），以保证其经营条件的稳定。签订 10 年、15 年的投资合同所需的投资基数分别由原来的 200 万美元、2 000 万美元提高到 5 000 万美元和 1 亿美元。审批部门和环节由原来的"财政部长代表蒙古国政府与投资者签订稳定状态合同"改为"根据蒙古国政府的授权，由主管财政、地质矿产和自然环境问题的政府成员联合与投资者签订投资合同"。经过修改，增加了投资者与蒙政府签订投资合同的难度。

## （五）加大对环境的保护

2006 年蒙古《矿产法》对环保方面的规定包括：（1）向主管环境问题的中央国家机关和有关省、县（市区）行政长官提

交对环境影响的评估和环保计划；（2）许可证持有者在没有取得有关环保部门书面批准同意之前，禁止开始进行勘探和开发活动；（3）对开采过的矿区要恢复原地貌；（4）实行环保抵押金制度。为确保许可证持有者，完全履行在环保方面承诺的义务，要求将相当于实施环保措施所需年度预算 50% 的资金作为抵押金，转入项目所属县（区）行政长官办公室专项账户内。该抵押金必须在项目实施前（季节性施工的项目在 5 月 1 日前，全年施工的项目在第一季度内）转入专项账户内。当年 12 月 1 日前施工企业按环保规定提交报告后，如未违犯环保条款，在 21 个工作日内将抵押金退还企业。

《矿产法》还为违反有关环保法律违规生产的企业规定了具体处罚："屡次违反有关自然环境保护的法律法规、矿山安全生产章程时，授权国家监察员暂停特别许可持有者矿产勘查、勘探、开采业务 2 个月；在此期间内没有解决问题时，将依据本法第 56 条规定废止特别许可。""开采特别许可持有者在活动中使用化学有毒物质、配制剂时，由于没有遵守法律法规、安全生产规定、技术规范而对人体健康、自然环境、牲畜动物造成严重损害的，根据本法第 56 条的规定废止特别许可，20 年内不再向其颁发特别许可"。

## （六）矿产资源开采费和特别许可费的分配

2006 年《矿产法》规定，矿产资源开采费的 10% 分配给当地县、区预算，20% 分配给当地省、市预算，70% 分配给国家预算。特别许可费的 25% 分配给当地县、区预算，25% 分配给当地省、市预算，50% 分配给国家预算。将矿产开发所得收入按一定比例划分给三级预算。

## 五、《蒙古国矿产资源法修正案》

2014 年 8 月 18 日，蒙古国政府结束其 100 日的改革行动，以便于启动国内经济并扭转外商投资的急剧下滑局面。在此期间，政府取消了某些影响外商投资活动的法案，本次行动的中心就是矿产资源行业。

为该目的，蒙古国议会于 2014 年 7 月 1 日通过了《蒙古国矿产资源法修正案》（以下简称《矿产法修正案》），对《矿产法》进行了修订。修正案增加了 13 个新的条款，并对《矿产法》现有的多个条款进行了修订。《矿产法修正案》于 2014 年 7 月 1 日起开始生效。在《矿产法修正案》发布的同时，蒙古国议会还颁布了公众期待已久的《蒙古国废除〈禁止颁发新勘探许可证〉法》（以下简称《废除禁止法》）。自 2012 年 1 月 12 日起一直有效的《禁止颁发新勘探许可证法》强制暂停颁发勘探许可证。《禁止颁发新勘探许可证法》本身是蒙古国议会自 2010 年 6 月 17 日起一直签发的一系列暂行禁令的最后一项。《废除禁止法》向投资者发出了一个欢迎的信号，表明蒙古国政府已经开始采取积极的措施，以便于将国家潜在的自然资源用于复苏国家不景气的经济状况。《矿产法修正案》及《矿产法》的后续修订预计会给蒙古国矿产行业带来影响。

## （一）《矿产法》

1. 重点修订的内容。

（1）普通矿产（包括砾石、砂土和泥土）的勘探和开采不再受《矿产法》的规制；

（2）许可领域将增设新的监管机构，例如，国家地质调查局、特别政策委员会以及经认证的技术专家和专业人员；

（3）勘探报告和可行性研究及其独立评估应由经认证的技术专家和专业人员进行；

（4）蒙古国矿产资源管理局矿产资源委员会将审查关于采矿和选矿厂的可行性研究报告并签发相关建议；

（5）《矿产法修正案》规定建立统一的国家地质研究和矿产资源数据库；

（6）许可证持有者在购买材料、选择服务单位和出售产品时应优先选择蒙古国国内供应商和服务提供商。

此前，曾被视为对蒙古国或其任何地区的经济社会发展具有潜在影响的矿藏可能已经被确定为"具有战略重要性的矿藏"。理论上，这种分类使得国家可以主张该矿藏中各种级别的所有权。但是，《矿产法修正案》从该定义中删除了具有区域性重要性的矿藏而仅保留具有全国性重要性的矿藏，从而缩小了该等具有战略重要性的矿藏的范围。

2. 政府新设机构及其职能范围的扩大。《矿产法修正案》规定新增设一个政府机构，即国家地质调查局。该机构将负责进行各种地质、地形测量，研究矿产资源分布和埋藏的模式，提供该等资源评估，并且维护关于地质、采矿和矿产资源的国家数据库，并且记录矿产储备量的变化。

（1）矿产资源管理局的职能范围经《矿产法修正案》扩大如下：

- 单独保存在证券交易所上市的并持有许可证人的登记簿；
- 确定可以颁发勘探许可证的地区；
- 确定为小规模采矿和一般矿产目的而进行的土地划拨。

（2）蒙古国矿产资源部经《矿产法修正案》扩大的职能范围：

- 批准关于矿井及采矿或选矿厂运营的验收程序；
- 批准关于选矿厂的要求和运营程序；
- 成立一个提供建议并支持国家在矿业领域所实施政策的

特别政策委员会（与上述国家地质调查局相关）；

● 批准与蒙古国环境和绿色发展部合作进行矿井及采矿／选矿厂整修和交割的程序；

● 批准适用于由矿产资源管理局维护的地质、采矿和矿产资源信息数据库的法规；

● 批准由非政府组织认证地质和采矿领域技术专家和专业人员的法规；

● 批准矿产资源和矿藏储备量分类；

● 批准适用于矿产资源、矿藏储备量和勘探工作结果公开披露的程序；

● 批准由国家资助的地质研究的预算并审查其结果。

此外，也赋予蒙古国政府新的职能：

● 成立国家地质调查局；

● 批准许可证持有人和当地行政机构之间关于环境保护、矿物开采、基础设施开发和创造就业的合同形式；

● 批准可以被授予勘探许可证的地区并告知公众；

● 确定具有战略重要性的矿藏的地理范围；

● 在因国家安全原因、实施大型政府项目或其他国家目的而必须征用某一被许可地区的情况下，将已经利用国家资金勘探或采矿的地区授予许可证（经许可证持有人同意），作为补偿。

3. 许可证持有人的新义务。《矿产法修正案》对采矿和勘探许可证持有人的义务做出了一些修正。主要的修正内容如下：

● 任命一名全职员工负责报告环境、修复和矿山关闭事宜；

● 在采购商品或服务以及聘用分包商时，优先考虑在蒙古国注册的商业实体；

● 出售经开采、精选产品或半加工的产品时，优先考虑蒙古国的选矿厂；

● 如果暂停或关闭矿山基础设施或选矿厂，须通知矿产资源管理局；

- 提交矿藏储备和地质勘探工程成果报告以及经认证的技术专家出具的结论报告；
- 在取得采矿许可证一年内，提交经认证的技术专家编制的矿藏开发可行性研究报告；
- 确保可行性研究中包含采矿产品运输、技术设施开发以及矿山修复和关闭工作所需资金的详细信息；
- 于每年4月15日前提交勘探工作计划并于下一年2月15日前提交年度勘探工作报告；
- 于每年12月1日前提交包含产量预估的开采计划；
- 如果在煤矿开采过程中发现甲烷，需通知蒙古国石油管理局。

有关新的权利，许可证持有人的分包商的员工中外籍公民可占到10%。此前，该项特许只适用于许可证持有人本人。

4. 许可期限、区域和费用。一个勘探许可证下许可的最大面积由原来的40万公顷下调至15万公顷。勘探许可证（放射性矿产的许可证除外）现在可以延期三次（原来为2次）这意味着勘探许可证现在最长可以使用12年。作为延期3年的条件，许可证持有人需要遵守下述义务：

- 在勘探成本方面，第10~12年许可期间的最低勘探投入为每公顷10美元；
- 勘探许可证持有人必须在第10~12年许可期间就许可区域支付每公顷5美元的费用。

关于勘探许可证期限的延长，《矿产法修正案》废除了开采前作业的概念（从而也废除开采前协议）。开采前作业给予许可证持有人长达3年的勘探时间，以使许可证持有人有足够的时间为其全面开采作业做充分准备。协议要求许可证持有人必须制备图纸并制订计划，完成可行性研究，为采矿作业准备基础设施，测试采矿技术并取得采矿作业的相关许可。许可证持有人还被要求在某些里程碑日期向矿产资源管理局提供业绩报告。《矿产法

蒙古国

修正案》规定，如果许可证持有人未能按时支付许可费，则必须每日按照原许可费总额的 0.3% 支付滞纳金。

如果许可证持有人延迟付款超过 30 天，则相关授权机构有权吊销其许可证。如果许可证持有人的许可区域因被设立为特殊目的领土而被没收，则签发没收决定的相关权力机构必须在该等决定被批准后 1 年内对许可证持有人进行赔偿。《矿产法》明确规定，如果在规定期限内未取得赔偿，许可证持有人可以继续经营。之前，违反《矿产法》的罚款金额为 10 万 ~ 200 万图格里克（约合 50 ~ 1 000 美元）。但是《矿产法修正案》以最低月工资来表述罚款，允许按工资指数调整。根据目前的最低月工资，罚款金额为 96 万 ~ 960 万图格里克（约合 500 ~ 5 000 美元）。

## （二）《106 个勘探和采矿区招投标管理条例》

随着《矿产法修正案》的通过，蒙古国政府于 2014 年 7 月 4 日通过了《106 个勘探和采矿区招投标管理条例》（以下简称《条例》），这些区域的开发许可此前被法院判决撤销。在 2013 年，蒙古国基层法院查明矿产资源管理局前主要负责人贪污受贿和滥用职权罪，由此撤销了这 106 个许可。这个判决后来为蒙古国最高法院所维持。

根据《条例》规定，这 106 个开发许可将通过公开竞争招标程序重新发放，而《矿产法》的一般原则是这些许可在非竞争性基础上按先到先得的方法签发。招标区域的清单将由蒙古国矿产资源部进行审批，而招标的组织工作将由矿产资源管理局负责。更加详细的招标文件则将由矿产资源管理局成立的一个招标委员会进行编制。

该《条例》还规定，招标限额将根据地质及勘探成本，以及每个区域的原许可持有人所支出的其他费用进行确定。有意向参与招标的主体必须具备支付相应资金限额的实力，并拥有进行地质勘探与采矿作业的专业技术设备及人员。参与招标的法人主体须在指定账户内存入不少于限额30%的资金作为订金。

《条例》没有规定地质和勘探成本以及原许可持有人所支出的其他费用的确定标准，没有为原许可持有人提供任何的救济或补偿途径，也没有在招标中给予他们任何优惠待遇。这样，原许可持有人则需要和其他有意获得许可的主体进行竞争。此前有蒙古国报刊援引政府官员的话并报道，原许可持有人将无须储存定金，而一旦没有中标，他们将可以获得全额补偿。然而这一说法却没有得到任何公开的法律法规或政府规章的支持。

## 第三节　在蒙古国投资的风险与防范

### 一、复杂的法律环境

自1992年蒙古经济正式转型为市场经济起，促使商业法规更加现代化和吸引外国直接投资已成为蒙古国发展经济的重中之重。特别是继2009年矿业繁荣之后，议会通过并修订了大量的商业法规。虽然这些法规都旨在为蒙古国创造更有利的投资环境，但是为了保护国家安全，也对外商投资做出了限制。由于该等相互竞争行为，蒙古国对其商业法律进行了数轮修订。在过去数年间，这一过程致使蒙古国的商业环境发生了巨变，蒙古国在努力加速必要商业法规的实施，因此，其通过的一千余部法律法规就可能起草得过于含糊其辞、存在漏洞及因疏忽产生的不良影响。此外，为吸引外商投资，法律赋予了政府官员一定的自由裁量权，在法律没有规定或规定不明的时候由政府工作人员自由裁

蒙

古

国

决，因此蒙古的法律在现实中的实施情况可能会由于人为原因并不合乎规则。中方投资者在投资前一定要做好法律尽职调查工作，充分考虑法律环境的复杂性和不稳定性。

## 二、设立公司程序的简化

由于简化法律实体的注册程序是确保有效的商业环境的重要措施，政府于 2015 年 5 月修订了《法律实体注册法》，取消了一些冗余程序，并允许在线注册，从而简化注册程序。根据经修订的《法律实体注册法》，国内法律实体进行登记的法定程序所需时间不超过 2 个工作日，而外商投资的法律实体进行登记需要10 天，但仍需要在网上电子提交申请 5 日内到国家注册局提交纸质版材料。虽然在蒙古注册公司手续简单宽松，但退出机制较为复杂，因此在蒙古存在着大量的空壳公司。

根据《公司法》规定，公司可以通过清算、合并、兼并、分立重组等方式终止。1999 年版《公司法》第 30 条对公司终止的程序进行了明确规定，然而 2013 年版修订的《公司法》删除了公司终止条款。根据 2013 年修订版《公司法》规定，公司可以根据股东会决议或依据《民法》、《公司法》及其他相关法律作出的法院裁决进行清算。如果公司破产、没有剩余的股东或法律要求的其他原因，公司根据法院要求进行清算。股东决议清算，董事会（如果没有，则执行机构）应向股东大会提交清算方案。清算方案应当包括指定的清算委员会、清算程序、时间、偿债后资产分配程序等。该清算方案须经出席会议的有表决权的股东以压倒性多数通过后方为有效。指定清算委员会后，公司执行机构终止，执行机构的职能转给清算委员会。清算委员会可代表公司参加诉讼。清算委员会在履行职务时失职从而导致公司和债权人损失的，应承担赔偿责任。金融监管委员会可以向法院提起根据上述清算原因请求法院对股份公司宣告破产。公司的剩余财产分配完毕后，清算委员会应当向国家注册局办理公司注销登记，并提交最后清算资产负债表复印件。国家注册局撤销公司名称，注销公司登记，视为清算结束，并由国家注册局进行公告。

世界银行集团《2016 年营商环境指数》根据在蒙古办理破产程序的时间和成本，归纳了破产法规中存在的程序障碍。在 189 个国家（地区）中，蒙古国的公司退出成本排名第 132 名，比去年下降了 1 位，表明在蒙古投资的退出成本略微上升。公司因清算、合并、兼并、分立重组等方式终止后，应向国家注册局办理登记手续。因为《公司法》中并没有明确规定，中方投资者在投资前需做好项目可行性研究报告，慎重选择是否在蒙古注册公司，并聘请当地律师作为法律顾问处理与法律相关问题。

## 三、设立公司的相关手续

国家注册局有一个惯例规定拟设立公司，需提交一份租赁证明，然而法律也有规定在未登记成立之前，公司不得以自身名义租赁。所以在实际中，通常以个人名义租赁，在公司成立后将租赁协议转给新设公司。

目前蒙古国的法律并没有关于"通用型"公司的规定，公司的经营范围必须在公司章程中列明。然而，须经许可或授权的经营活动不可写在章程中，因为只有在公司注册登记后才可得到许可并写到章程中。因此，公司登记的某些活动可能与其无关（如管理咨询或涉外贸易），在得到许可之后再修改其经营范围和章程及执照。新修订的法律并没有对此进行修改，因此仍值得注意。

## 四、土地问题

蒙古国法律对外国投资者占用土地的规定主要体现在《蒙古国宪法》、《土地法》和《投资法》中。《宪法》第6条规定："蒙古国的土地及地下矿藏、森林、水流、动物、植物以及其他自然资源只属于人民，受国家保护。除了分给蒙古国公民占有外的土地，以及地下矿藏及其财富、森林、水资源、野生动物，均为国家财产。除草场、公用和国家特需之外的土地，只能分给蒙古国公民所有，但不包括地下矿藏。禁止公民以出售、交易、赠送、抵押等方式将私有土地移交外国公民和无国籍人士所有，并且未经国家主管部门批准，不得让他人占有和利用。国家可使用土地的所在者承担与其占有地相适应的义务，根据特殊需要有偿更换或收回土地。该土地的使用如与人民健康、自然保护和国家安全的利益相抵触，国家可没收之。国家允许外国公民、法人、无国籍人士有偿、定期和按法律其他规定条件占用土地。"

《土地法》自2006年6月7日生效，旨在对国有土地的占有、使用及其相关事宜进行规范。根据《土地法》规定，除了授予蒙古国公民所有的土地外，所有的土地归政府所有。除牧草地、公共设施用地以及政府专用的土地外，土地应该归蒙古国公民所有。关于授予蒙古公民土地所有权的法规由相关法律规定。根据《土地法》第6.3条规定，外国、国际组织、外国法人实体、外国投资公司、外国籍公民或无国籍公民可以成为为特殊目的在法律和合同规定的时间内使用土地。占有并使用土地的公民、公司或组织应该根据法律和土地使用合同交纳相应的土地占有和使用费用。

有关外国、国际组织及外国法人实体在一定期限内根据租赁和出让土地协议使用土地的决定由国家大呼拉尔做出。外国投资的经济实体可因特殊目的根据《土地法》及国家相关程序、规定和期限使用土地。《投资法》第12.1条规定政府对投资者提供非税收优惠政策时提出蒙古投资者允许以合同占有、使用土地最长60年，并可按原有条件延期该期限至最长40年。因此，外国公民、外国机构组织、外国企业均可享有蒙古国土地的使用权。如果蒙古国公民、经济实体或组织在未得到被授权机构授权前将土地转让给外籍公民、无国籍公民或外国法人占有或使用，该蒙古国公民、经济实体或组织的占有及使用合同随即终止，并应承担相应的法律和赔偿责任。

## 五、投资矿产业应注意的问题

蒙古矿产领域法律法规的逐步完善为我投资蒙古矿产领域提供了更加透明、规范的法律环境。随着2006年《矿产法》的出台，蒙古国立法部门、政府相关矿业政策执行部门对矿产领域的认识水平有了较大程度的提高。新法填补了旧法执行过程中发现的漏洞，完善了矿产资源开发的指导政策，进一步健全了蒙古矿业政策体系。对于中国企业来说，投资环境渐趋明朗、透明，有利于企业的果断决策和长远规划。2006年《矿产法》对特别许可管理的规范有效地避免特别许可的恶性炒作和企业之间的无序竞争。对勘探、开采特别许可的申请、发放和管理程序进行规范，许可证费用的提高，勘探工作年度最低支出的指标的引入，对以前颁发的特别许可进行重新登记和审核，使得一些不符合法律规定或没有价值支付手续费重新登记的特别许可将退出市场。由于投机成本和风险的大幅增加，将有效地减少特别许可的人为炒作和黑市交易，避免特别许可的囤积和投机现象。

## （一）《矿产法》对我国赴蒙开发矿产资源的影响

目前，蒙古已经逐步认识到，蒙古的发展需要搭乘中国经济的快车，中国的发展对蒙古来说是机遇。而且蒙古经济发展的主要支撑——矿业领域的市场在中国，中国有其他国家无法比拟的地缘和市场优势。与中国的务实合作才是最明智的选择，才会给蒙古带来最大的经济利益。但法律政策的不稳定性增加了投资的风险，蒙古 2006 年《矿产法》的出台、《矿产法修正案》和《106 个勘探和采矿区招投标管理条例》的通过引起了国际社会对蒙古法律政策不稳定的担忧和思考。特别是《矿产法》中"国家对矿产的参与"问题引起了普遍的关注，可能被列入"战略矿"的特殊许可持有者或有意向投资"战略矿"的投资者都放慢了投资节奏，重新调整投资方案，争取在新的法律环境下取得最大的投资效益。这一方面增加了投资企业的投资风险，使投资企业面临更多不确定和不可预测的因素；另一方面，蒙古社会各种利益集团（包括部分政府官员、蒙古企业、社会运动等）与外国企业勾结，利用目前的环境和形势，使我企业面临不同方面的威胁。

蒙古虽然地大物博、资源丰富，但是恶劣的自然环境、落后的基础设施（包括水、电、交通、通讯等）对矿产资源开发造成了很大的障碍。蒙古国属于贫水国家之一，只有 60% 的领土有地下水。尤其是蒙古国的中南部地区水资源严重短缺，自然环境造就了东戈壁、南戈壁和中戈壁，是沙尘天气高发区。而蒙古国的中南部区域恰是矿产资源富集地区，水资源的匮乏严重制约矿产资源的正常开采和深度开发。近年来，随着蒙古国矿山开采业的不断发展，开矿与缺水这一矛盾日渐凸显。而投资者一直以来对此估计不足，认为蒙古的资源"物美价廉"，由此形成了对蒙古的"开矿热"。最终结果是蒙古的矿产资源急剧升值,投机炒作迅速蔓延。这使我国诚心投资蒙古矿产领域的企业面临更大的风险。而蒙古《矿产法》又大幅增加了勘探特别许可费、开采特别许可费、矿产资源开发费、外籍劳务岗位费,这必将进一步增加企业的运营成本、挤压投资企业的利润空间、降低企业的投资效益。

《矿产法》限制了外国劳务比例,增加了企业管理负担,使投资规模较大与人力资源供应不足的矛盾更加突出。《矿产法》降低了企业外国务工人员的比例,大大提高了超额人员劳务费标准,由原来蒙古最低工资标准的 2 倍提高到 10 倍。这对于劳动密集的矿业来说,无疑是最突出的矛盾。这一条款的执行将增加企业的运营成本和管理负担,对我国正规企业的生产经营将造成严重的影响,不利于蒙古矿产领域的健康发展。主要原因有:其一,蒙古工人的专业和技术水平较低,工作熟练度差,难以满足企业的要求,不能胜任工作。其二,蒙古人口稀少,居住又十分分散,矿业开发大部分都位于偏远的地区,对企业来说从当地招工非常困难,而外地招工、就地住宿又涉及很多问题。

## (二)《矿产法修正案》对我国赴蒙开发矿产资源的影响

前文已经提到过,有关矿业领域的法规经常会被修改,在投资矿业领域之前投资者要考虑更多因素。蒙古国矿业领域法规经历了一系列的改革,包括《国家矿业产业政策》的实施、《普通矿产资源法》的颁布和《矿产法修正案》的颁布。这些举措都试图重振矿业产业并保证经济的可持续发展。毫无疑问,《矿产法修正案》将带来某些积极影响,废除暂停授予许可以及延长开发许可时限的做法预计将会刺激外国及本国投资,而《矿产法修正案》也在一定程度上明确了诸如政府机构与许可持有人的角色及职责等问题。《矿产法修正案》也并没有像外界普遍所希望的那样显著地完善蒙古国矿产领域的相关法律框架。在缺乏细则的情况下，《矿产法修正案》的某些条款将如何付诸实施仍不明朗。

例如，《条例》要求开发许可持有人优先与在蒙古国国内注册的企业单位进行合作，并将产品优先供应给在蒙古国国内开展经营的主体。但这一条款缺乏清晰性，并可能导致许可持有人无法同那些能为交易带来更好更可观的经济收益的非蒙古国主体订立合同。

同时，将勘探面积由40万公顷下调至15万公顷的做法是否将会对现有许可造成影响也仍不清楚。除此之外，这次对106个许可重新进行的招标从一开始便遭到了在这些区域进行大量投资的企业的反对，并可能进一步抑制投资者因承担风险而进入蒙古国市场。《矿产法修正案》还留下大量的实施条例等待蒙古国矿产资源部在今后批准并付诸实施。因此在现阶段，新的监管环境将在多大程度上重振蒙古国的矿产行业仍未见分晓。

鉴于蒙古新的投资环境，投资者宜及时转变以往观念，以适应新形势的需要。目前，国际社会非常关注蒙古的矿产资源开发，加上蒙古国家要参与，我国企业面临来自多方面的竞争和压力。在这种情况下，我国投资者单独拿到大矿的矿权是非常困难的，必须要采取合作的形式，选择可信有实力的合作伙伴（或与蒙古政府合作，或与外国公司合作），在"共赢"的基础上去争取最大的份额。同时，要树立互利共赢的思想，一定要把企业利益与保护自然环境、改善当地基础设施、提高人民生活水平结合起来，逐步延伸产业链条，这样才能赢得蒙古政府和当地民众的支持，企业的经营才会顺利、稳定。同时学会利用法律武器来维护自己的利益，增加投资信心，通过除合同以外的多种方式来保障投资安全。

蒙古已经走过了通过为投资者提供大量优惠条件来吸引外商投资矿产领域的时代。通过近几年的宣传，蒙古矿产丰富已被许多国家认同，随之对此领域的投资也不断增加。在这种情况下，我需要发挥独特的地缘政治优势，综合运用外交、银行金融等手段来推动对蒙矿产资源开发。投资者要重新进行投资的成本核算和投资评估，制订合理的投资规划，合法规避相关条款的限制。但不能通过非法渠道来解决，因为这样可能会带来更大的风险。比如劳务比例的问题，我国企业可通过在蒙古办学的方式教育培训所需的专业技术人员，而不要使用非法劳务。对于特别许可费用的问题，可采用尽量减少土地范围、退还无价值或不需要的场地，以降低投资成本。

## 第四节　典型案例

## 一、萨勒希特（Salkhit）风电项目

萨勒希特风电项目是外国投资者在蒙古成功投资的范例，它成功地协调了私人投资者和政府之间的关系，该项目为蒙古工业领域引进了新型的先进技术。由清洁能源有限责任公司主持的1.22亿美元的萨勒希特项目，是蒙古第一项在无监管领域完成的项目。清洁能源有限责任公司是一家由 Newcom 有限责任公司、通用电气太平洋私人有限公司、欧洲复兴开发银行和荷兰国家开发银行共同拥有的可再生能源公司，其中，Newcom 有限责任公司是蒙古的技术控股公司，它创建了第一个国内移动运营商且拥有国内最大的航空公司。清洁能源有限责任公司由 Newcom

持股 51%，通用电气持股占 21%，欧洲复兴开发银行和荷兰国家开发银行各持股 14%。清洁能源有限责任公司通过萨勒希特风电项目获得了欧洲复兴开发银行、荷兰国家开发银行各 47 500 000 美元的贷款和股权融资。

萨勒希特项目位于蒙古首都乌兰巴托市东南方向 70 千里处，已成为私人、国际发展机构和蒙古政府合作的地标性项目，萨勒希特风电项目是在蒙古存在高度严格监管和私人投资市场缺乏经验的环境下建立的第一项以私人投资为主导的项目。它为未来政府与私人企业合作树立了良好的榜样。该项目于 2011 年启动前期工作，2012 年开始建设主要工程项目，拥有约 4 000 余名员工。该项目于 2013 年 6 月开始投入运营。根据协议，通用电气将派遣工程师维护风力发电机组五年，并在此期间培训蒙古国本土的工程师，蒙古国国家电网公司将负责变电站的日常维护和保养。萨勒希特项目供应通用电气 1.6 兆瓦发电器发电，可以抵消 18 万吨二氧化碳的排放量并节省 160 万吨水。由这个 50MW 风力电站为蒙古中部电网提供电力。Newcom 的董事会主席称，在此次政府与私人投资者的合作中，蒙古政府积极促成萨勒希特风电项目从开发、融资到建成运行各个阶段的运作。此次经验会为未来能源领域和其他基础设施建设领域的投资打下基础。此外，该项目每年可以减少 18 万吨二氧化碳排放，节省 160 万吨清洁水，减少 12 万余吨煤炭使用量。萨勒希特项目被称为 2012 年亚太地区可再生能源项目融资年度最佳交易，也是蒙古国第一次获奖。该项投资是蒙古迈向新兴绿色能源战略的一大步。蒙古国总统表示，蒙古旨在成为区域性可再生能源中心，达成 1/4 的能源供应来自可再生能源的目标，并且输出风能和太阳能生成的电力。萨勒希特风电项目的建成极大地激发了国际各方对蒙古国的可再生能源的投资热情。

# 二、巴格诺尔（Baganuur）火电厂 BOT 项目

## （一）合作模式分析

许多国家对大型基础设施项目推行经营的私有化，项目融资模式在电力和资源开发等能源项目中广泛地应用，其中最主要的包括 BOT 和 PPP 融资模式。

BOT 投资方式是政府吸引非官方资本加入基础设施建设的一种投融资方式，BOT 即 build-operate-transfer（建造—营运—移交）的缩写，是投资者参与基础设施建设、向社会提供公共服务、参与境外投资的模式之一，是一种目前国际上通用的项目承揽模式及投资方式。政府通过契约授予私人投资者以一定期限的特许专营权，特许该投资者通过融资经营和建设特定的基础设施，由投资者在特许期限内负责基础设施的建造、经营和管理，并通过经营所得偿还贷款，获取收益，在特许期结束后，将基础设施无偿地移交给当地政府。整个项目的筹资、建设、运营及管理阶段过程中的风险，由政府和私人机构共同分担。该特许协议是政府或代表政府的被授权机构与私人投资者签订的关于政府授权投资者在特许期内建设和经营该基础设施的协议或合同。在特许权协议终止时，政府可以固定价格或无偿收回整个项目。BOT 是利用项目本身的资产进行融资，债权人对项目发起人的其他资产没有追索权或仅有有限的追索权。绝大多数投资者在 BOT 项目上都会在东道国依法设立一个项目公司，由项目公司与东道国政府签订特许权协议。投资者可以对项目公司承担有限责任，也可以利用该项目公司吸引其他投资者降低自身建设项目的风险。

BOT 项目的运作程序包括项目确定、招标、评标和决标、

开发、建设、运营直至项目的最终移交。而作为竞标公司，投标程序主要按规划和准备阶段、组建项目公司、项目建设阶段、运营阶段、项目所有权移交等五个阶段进行。项目在特许、建设、运营、移交四个阶段损失发生的不确定性，是一种潜在的危险因素。BOT 模式在风险管理中首先应确定风险管理原则。一切风险分配体现在合同或协议中。其风险分配的一般原则为：（1）由对风险最具有控制力的当事方承担相应的风险；（2）由控制风险成本最低的当事方承担风险；（3）承担风险与可得回报相适应；（4）由责任者承担风险；（5）由受益者承担风险；（6）按业务关系密切程度分担风险。BOT 项目风险因素包括：投标不成功的风险、信用风险、不可抗力风险、政治风险、建造阶段风险、运营阶段风险、环境风险、市场风险和经济风险等。

政府通过 BOT 投资模式降低自身对国内基础设施建设的财政支出，同时可以通过投资者承接项目加快当地基础设施的建设和运营。为吸引国外投资者，当地政府往往会给予投资者一定的优惠政策，包括税收和两国间经贸优惠。近年来，蒙古国积极推动在"公私合作伙伴关系"框架下推进项目建设，推动公共部门和私营部门的合作，为蒙古国道路、电力等基础设施建设创造条件。

PPP（Public – Private – Partnership，即"公共部门—私人企业—合作"）即公共部门和私营部门之间的一种合作经营关系。PPP 投资模式由双方共同投资和管理传统上由公共部门提供的公共项目和服务。PPP 投资模式公认的三大特点即是风险分担、资源分配和利益共享（私营部门追求的是项目所实现的自身利益，而公共部门所追求的是项目实现的公共利益和福利）。政府（公共部门）可以通过引入 PPP 模式增加对项目的投资，同时引进私人投资者先进的技术和管理观念，并降低公共基础设施的投资和运营风险。私人投资者（私营部门）参与 PPP 模式不仅可以增加其与政府的合作机会，增加产品和技术在市场的份额，同时获取公共基础设施项目稳定的经济利益回报和持续的现金流。政府部门可以和私营部门取长补短，发挥各自优势，弥补对方不足，从而实现最优投资。

相比于其他合作模式，PPP 模式主要根据项目的预期收益、政府对该项目的扶持力度进行融资，项目建成后的经营性收入是其偿还贷款的主要资金来源。政府的支持（如税收优惠、贷款担保或其他优惠政策）可以提高私人投资者参与该公共项目建设的积极性，并为该项目的贷款提供有力的安全保障。PPP 模式有利于增加项目的资本金数量，弥补财政资源的不足，使原本缺乏资金的项目得以实行。同时，提高资金利用率，缩短项目建设周期、降低项目成本及资产负债率。

BOT 优点在于政府最大可能的避免了项目的投资损失，缺点是相对较大的投资风险使得私人投资者可能望而却步，且不同利益主体的利益不同，单方面利益最大化的纳什均衡并非全社会最优。从合作关系而言，BOT 中政府与企业更多是垂直关系，即政府授权私企独立建造和经营设施，而不是与政府合作，PPP 通过共同出资特殊目的公司更强调政府与私企利益共享和风险分担。

## （二）案例分析

巴格诺尔火电厂项目是中国核工业第二二建设有限公司（以下简称"中核"）通过公开招投标的方式中标的特许经营权项目。该项目以 BOT 方式投资、建设、运营 2×350MW 超临界燃煤坑口火电厂。该项目特许经营期 25 年，其中包括建设期 4 年及运营期 21 年，项目总投资约 9 亿美元，项目建成投产后，将使蒙古国发电量提高一倍。该项目是"一带一路"倡议同"草原之路"倡议进行战略对接的标志性项目之一，也是中蒙互利共赢务实合作的典范项目。该项目是根据蒙古国 2012～2016

年政府规划，为实现蒙古国电力自给自足建设的大型电站项目，将保证蒙古国家电网的安全性和可靠性。建成后，不仅将为蒙古经济建设提供强有力的电力保证，同时将创造几百个新的就业岗位，带动巴格诺尔区餐饮、住宿、旅游等第三产业发展，惠及当地民生。项目建成后，蒙将实现电力自给自足，进一步保障国家电网的安全、可靠和稳定，将成为巴格诺尔区新的形象。中核成立于1958年3月，是中国核工业建设集团公司的成员单位之一，中核是以国防工程、核工程、核电工程、工业与民用建筑工程业务为主的大型综合性建筑企业，总部位于湖北省宜昌市。在国际工程建设领域，中核先后完成了约旦首都安曼阿布努赛21万平方米住宅区、阿尔及利亚核研究中心、苏丹喀土穆北电站、巴基斯坦卡拉奇滨佳胜联合循环电站、越南缘何水泥厂、苏丹富拉电站、东帝汶国家电网工程等工程建设任务。

巴格诺尔火电厂项目交易框架复杂，为实施该项目，中核在蒙古成立了项目公司负责具体实施工作，并与蒙古外商投资局签订了《特许权协议》。在项目实施过程中，作为特许权人负责投资、建设（Build）和运营（Operate），并在特许权经营期满后将巴格诺尔火电厂移交（Transfer）给蒙古国政府。该项目涉及较多的法律问题，也遇到了较多的困难。例如作为火电厂项目的投资人其项目收益主要来源于电费。根据蒙古国相关法律，蒙古境内有权购买电力的只有蒙古国国家电网，也不存在将电力输出给邻国俄罗斯和中国的可能。因此若蒙古国国家电网当年并未在巴格诺尔火电厂购买电力或未足额购买到能平衡成本的电力，作为投资人的中核都无法保证自己的收益。因此，在该项目中，中核与蒙古国国家电网签订的《购售电协议》中特别对购买的最低电量和赔偿条款进行了约定。作为火电厂项目，除了保证下游购买的电力充足外，保证火电厂上游燃料供应的充足也很重要。在该项目中，中核在《特许权经营协议》对煤矿如未如约供煤，中核作为被授予特许经营权人有权延长或终止特许权协议，如因此终止特许权协议，政府方应加倍承担赔偿责任。

蒙古国属于典型的大陆性温带草原气候，冬季漫长严寒，常有暴风雪，是亚欧大陆"寒潮"发源地之一，最低气温可达零下40℃左右。因此若在寒潮期前后开始施工，对整个项目的进程会造成较大影响。因此在寒潮期之前建好室外的土建工作，则寒潮期时恶劣的天气不会对厂房内部的设备安装产生较大影响。此外，在确定项目结束时间时，中核特别注意到蒙古国国内用电实际需求也会影响项目的验收。根据当地电网调度中心的资料，国内6~9月为蒙古国用电需求低负荷时期，11月中旬到次年2月中旬为国内用电高负荷时期，无法安排电厂的调试运行工作。因此，火电厂项目的完成需要在3~6月或者9~11月之间，如果未合理安排项目结束验收时间，则需要在项目结束之后等国内用电需求较高或较低时间段过去之后才可调试。

BOT协议的一方主体虽然是国家政府，但是由于协议的订立是以国内法为依据并经东道国政府依法定程序审查批准，因此BOT特许协议应该属于行政合同的一种，依照国际通行的投融资方式，其争议的解决通常有协商、调解、司法诉讼和仲裁。为避免蒙古国既是当事人又是裁判者的双重身份顾虑，中核与蒙古政府经过谈判争取，将争议解决方式约定为独立于蒙古和中国的第三方仲裁机构裁决。

# 三、中资企业在蒙古并购受阻案例

2012年4月4日，中国铝业拟出资不超过10亿美元向艾芬豪矿业有限公司收购其持有的南戈壁资源有限公司（South Gobi Sands LLC）股份，拟收购股份最多60%，但不低于56%普通股。中铝总部位于北京，并于上海证交所和香港联交所及纽约证交所上市，是一家多元化的铝业及矿业公司。艾芬豪是亚太地区一家以铜矿、金矿和煤矿为发展重心的国际性矿业公司，持有蒙古采煤公司南戈壁58%的股份。南戈壁资源是总部位于加拿大并在多伦多和香港证券交易所上市的一家综合煤炭开采、开发和勘探公司。南戈壁资源专注于蒙古南戈壁区勘探及开发二叠纪炼焦煤及动力煤矿藏，其代表性煤矿为敖包特陶勒盖，主要业务为向中国客户生产及销售煤炭。在蒙古国境内最接近中国边境的位置，南戈壁资源拥有包括敖包特陶勒盖煤矿、苏木贝尔煤田、Zag Suuj 煤田和敖包特陶勒盖地下煤田在内的战略性焦煤资源。南戈壁资源对这些煤田进行勘探和开发，同时向中国供应煤产品。中国铝业希望通过此次收购来实现从单一铝业转向以铝为主业的相关多元化发展，将业务范围向包括煤炭在内的其他资源扩展、以实现煤铝业务全面整合。

但在中铝发出公告后不到半月，2012年4月17日蒙古国矿产资源部出于国家安全的考虑，宣布暂停由南戈壁的附属公司 South Gobi Sands LLC 拥有的若干许可证的勘探及开采活动。2012年4月25日，中铝与艾芬豪发出公告确认将配合蒙古政府以确保要约收购符合蒙古新出台的《投资法》相关立法要求，并公告延期收购三十日。该并购受阻的主要原因是由于蒙古正在拟定矿产相关法律，且恰逢新《投资法》起草阶段，蒙古准备严格矿产投资环境。在该笔交易发出公告仅几周时间，蒙古国大呼拉尔匆忙通过《关于外国投资战略领域协调法》（2012年5月17日公布）（蒙古国2013年新《投资法》出台废止了该法），矿产资源被确定为战略性意义的领域，并规定战略性领域的外资持股比例不得超过49%；外国投资者及其利益相关方和第三方签订股份买卖或转让协议，需通过在蒙古注册企业向蒙古政府提出申请；购买三分之一以上的战略性领域企业股份需获得蒙古政府审批；外国国有企业必须得到特许才能进行战略性领域的投资。有鉴于此，中铝的收购要约必须经蒙古政府审批。[①]

由于蒙古国政府的反对，在连续两次延期之后，中国铝业无奈于 2012 年 9 月 3 日宣布其对南戈壁的收购失败。

由此可见，中国企业在蒙古投资，需要面临蒙古政府投资政策的连续性较差所带来的风险。如前文所述，蒙古国家大呼拉尔（议会）是国家最高权力机关，行使立法权，可提议讨论内外政策的任何问题并任命政府成员。每届政府新成员上任，对上届未实施的决议要重新审议，这为中资企业来蒙投资增加了较大的风险。

---

① 参见第二章第二节。

第三章

# 蒙古国贸易法律制度

## 第一节　蒙古国贸易政策

对外贸易在蒙古国经济发展中一直占据着非常重要的地位，国民经济各部门所需全部机械、工业原料、燃料、有色金属及绝大部分日常消费品都需要依赖进口。

2014 年，蒙古国国内生产总值初值 218 442.5 亿图格里克（折合美元约 120.2 亿美元），扣除价格因素后（以 2010 年不变价格计算），实际增长 7.8%。2010～2011 年，蒙古国内生产总值增幅高达 17.3%，该增长主要受益于矿产行业的快速发展。但是自 2012 年以来，由于国家政治环境较为复杂以及国际大宗商品价格出现暴跌等内外因素，蒙古经济一落千丈，蒙古货币图格里克近三年年均贬值 20%，外汇储备截至 2014 年年末仅有 16.50 亿美元，外商直接投资同比下降高达 60%。全国居民消费价格指数增长率达 12.80%。

2015 年 1 月至 11 月，蒙古国与世界 146 个国家和地区贸易总额为 77.38 亿美元，同比减少 22.8%。其中，出口总额 42.43

亿美元，同比减少 18.2%；进口总额 34.95 亿美元，同比减少 27.7%；贸易顺差 7.48 亿美元（上年同期为 5.38 美元顺差）。其中，蒙古对华贸易总额为 48.62 亿美元，较上年同期减少 21.8%，占其外贸总额的 62.8%。其中，对华出口 35.68 亿美元，较上年同期减少 22.1%，占其出口总额 84.1%；自华进口 12.94 亿美元，较上年同期减少 21.1%，占其进口总额 37.0%。蒙对华贸易顺差 22.74 亿美元，较上年同期减少 22.7%。自 1998 年以来，中国已经连续十余年为蒙古国第一大贸易伙伴国。我国主要进口产品包括：焦煤、铜、钼等矿产品以及羊绒羊毛制品，向蒙古出口的产品主要包括：机械、家用电器、日用品、水果鲜蔬等。截至 2014 年年末，在蒙注册中国企业已有 7 000 余家。

随着两国经贸合作关系的不断发展，两国经贸合作的深度和广度不断深化，除商品贸易外，中蒙间经济技术的合作也在不断加深，如中蒙的"南南合作"项目，"南南合作"项目一期为期两年，已于 2013 年 8 月圆满结束，期间中方共派遣 19 名专家技术员赴蒙开展工作，在农牧业科学技术推广和人员培训等方面为蒙古国提供资金和技术协助。2014 年 11 月 12 日，中蒙"南南合作"项目二期也已于乌兰巴托正式启动。此外，2015 年 11 月 10 日，在两国领导人的见证下，中国国家电网公司与蒙古国能源部在人民大会堂签署了《中国国家电网公司、蒙古国能源部关于合作开展锡伯敖包煤电输一体化项目可行性研究的协议》。该协议明确了中蒙锡伯敖包煤电输一体化项目内容、中蒙双方在项目可研工作中的职责分工等，为中蒙双方下一步合作开展项目科研奠定了基础。①

---

① 中蒙锡伯敖包煤电输一体化项目包括年产能 3 400 万吨的露天煤矿，装机容量 14×660 兆瓦的坑口电站和输送容量 8 000 兆瓦的 ±800 千伏直流输电工程，项目旨在以专矿、专厂、专线方式从蒙古国向我国负荷中心送电，未来还可进一步研究通过该项目汇聚蒙古国风能和太阳能资源向我国送电的可行性。锡伯敖包项目作为中蒙电网互联互通的首期项目，是落实我国关于构建全球能源互联网倡议的重要起点，是实现亚洲洲内互联的重点项目。

## 第二节　蒙古国对外贸易法律体系及基本内容

　　蒙古国与贸易相关的法律主要有《投资法》、《海关法》、《关税法》、《特别税法》、《公司法》及与其相配套的其他法律法规和蒙古对外签订的国际条约等。1951 年中国与蒙古国建立了外贸关系，两国间贸易方式经历了记账贸易、现汇贸易、以现汇贸易为主多种贸易方式并存等多种方式。冷战结束之后，中蒙两国关系发展良好，建立了睦邻互信的伙伴关系，同时积极扩大双边互利合作。1991 年 1 月签订了《蒙古和中国政府贸易协定》。同年 8 月中蒙还签订了《关于鼓励和相互保护投资协定》[①]和《关于对所得避免双重征税和防止偷漏税的协定》，于 1991 年 1 月 1 日起实施。2005 年 8 月签订了《关于海关互助与合作的协定》；2008 年 6 月《中国与蒙古国经济贸易合作中期发展纲要》，规划了中蒙两国未来五年的发展纲要；2014 年 8 月习近平主席对蒙古国进行国事访问期间，两国签署了《中国与蒙古国经济贸易合作中期发展纲要》，提出力争到 2020 年双边贸易额不低于 100 亿美元的目标和《关于研究建立中蒙经济合作区的谅解备忘录》，明确了建设中蒙跨境经济合作区的基本原则和方针。

　　2015 年 11 月 10 日，国家主席习近平在人民大会堂同对中国进行国事访问的蒙古国总统额勒贝格道尔吉举行会谈。会谈后，两国元首共同见证多项双边合作文件签署，内容涵盖经济技术、食品安全、基础设施建设、航空、能源、金融等领域。部分签署的经贸领域合作文件如下：《中蒙两国政府间经济技术合作

---

　　① 具体内容请见第二章第二节第三部分内容。

协定》、《中国政府援蒙集装箱和车辆检查系统项目立项换文》、《中国政府援蒙草原和森林防火设备项目立项换文》、《关于中国政府向蒙提供优惠出口买方信贷的贷款总协议》、《使用中国政府优惠出口买方信贷资金实施乌兰巴托交警局路口立交桥项目贷款协议》、《使用中国政府优惠出口买方信贷资金实施乌兰巴托雅玛格立交桥项目贷款协议》、《中国商务部和蒙工业部关于加强部门间合作的谅解备忘录》、《中国国家质检总局和蒙技术监督总局关于中国与蒙古国进出口熟制牛羊肉食品安全合作的谅解备忘录》、《中国国家开发银行和蒙贸易发展银行关于加强合作的谅解备忘录》、《中国国家电网公司和蒙能源部关于开展锡伯敖包项目可行性研究合作的协议》等。但非常遗憾的是，迄今为止，中蒙之间还没有签订自由贸易协定。[①]

## 一、《海关法》

蒙古国于 1997 年 1 月加入世界贸易组织，为适应世贸组织的法律规则框架、促进贸易自由化，蒙古国家大呼拉尔对《海关法》[②] 进行了相应修改。《海关法》旨在实行统一的关税和海关政策，对进出口和经过蒙古国国界的货物、物品、动植物、牲畜、货币、外汇和其他贵重物品及飞行器、火车、汽车等运输工具实施监管和检查。根据《海关法》规定，如果该法与蒙古国对外签订的国际条约发生冲突时，以国际条约的规定为准。

根据《海关法》规定，对于进出蒙古国边境的货物和运输工具都应该按规定报关登记，而且在没有设立海关机构的地点，如果有必要，海关也可以委托第三方实施海关的监管和检查职

---

① 2014 年，日本与蒙古经过近三年的准备，与 2015 年在东京签署了一项自由贸易协定，使得日本成为第一个与蒙古签订自由贸易协定的国家，这份协定将由两个议会批准后生效。

② 《海关法》自 1991 年 1 月 28 日公布实施，历经 1992 年、1996 年和 1997 年三次修订。

能。值得注意的一点是，与我国规定不同，《海关法》规定海关
税率由蒙古小呼拉尔批准且关税和海关收费可以用蒙古国同意接
受的外汇支付。总体而言，《海关法》对于个人走私行为的规定
较多，没有针对企业及报关行业进行特殊规定，与其进出口贸易
处于起步阶段有关。

## 二、《关税法》

关税税率列示在 1999 年 6 月 3 日颁布的议会 27 号决议《进
口货物关税税率》中，《关税法》实施期间曾有 1999 年、2000
年 2 月、2000 年 11 月、2001 年 1 月和 2001 年 4 月五次修订，
主要对蒙古国关税体系、关税税率税额、完税价格及在征收和缴
纳关税时应该遵守的法则进行规定。

根据《关税法》，进口商品的海关关税分为一般税率和特别
优惠税率，一般税率是特别优惠税率的一倍。产品和货物被分成
97 种不同的类型，而且，大多数关税税率为 5%，某些征收较高
关税的农产品（其税率为 15%）以及酒类产品（其税率为
25%）除外，只有独立的法律规定才能免除关税（见表 3 - 1）。
目前，已经制定了 18 部法律就免征关税作出规定。

表 3 - 1　　　　　　　　蒙古国主要商品进口关税率

| 商品名称 | 关税税率 | 商品名称 | 关税税率 |
|---|---|---|---|
| 活畜、活动物、皮革 | 5% | 塑料制品 | 5% |
| 肉及食品副产品、蔬菜、粮食 | 5% | 丝绸、毛料制品、棉花、织毯、机织或手工布 | 5% |
| 土豆、葱、白菜、胡萝卜 | 5% 或 15%（当年 8 月至次年 4 月） | 鞋帽 | 5% |
| 烟草及其替代品 | 5% | 玻璃及其制品 | 5% |

续表

| 商品名称 | 关税税率 | 商品名称 | 关税税率 |
|---|---|---|---|
| 电力 | 5% | 铁或钢、铜、铝、铅、锌及其制品 | 5% |
| 药品 | 5% | 信息加工机器及其配件 | 5% |
| 各种工业品 | 5% | 家具 | 5% |

## 三、实行许可证管理的商品

　　蒙古国规定蒙古出口的商品实行许可证制度，政府主管部门会审查出口合同和计划，并签发许可证。2002 年 10 月 25 日，蒙古政府通过第 219 号决定，对出入境许可证管理商品目录进行了调整，将原来的 19 大类商品，减少为 9 大类。自然植物、分解臭氧层的物质、有毒害的垃圾和废弃物、放射性物质、药品、兽医用具、有毒和微毒化学品、用于保护植物的物质、纺织和针织品、成衣等商品被取消许可证管理（实行许可证管理的商品可参阅附录：蒙古国主要法律法规索引）。

　　对进出口的单证要求：（1）承运者的 3 份发票（写明货物的名称、规格、买卖双方的姓名、地址、启运时间、货物数量、毛重、净重、运输包裹或箱柜件数）；（2）一般不需要商品产地证明书，但如果买方或者信用证上提出要求，则需要商业管理部门正式印发的证明书 2 份（需有公证证明）。自 1995 年 2 月 16 日起，为使进口管理与国际接轨，蒙古国规定通过航空与铁路进入蒙古国境内的进口货物须持有货物清单，同时保障海关的检查，减少运输工具在边境口岸的滞留。中蒙之间按照 1994 年签订的《进出口货物质量认证协议》，对对方货物在各自口岸进行商品质量检查，检查合格后进行相互认证，以书面文件为凭。在通过海关时，要进行报关，填写海关报税单，缴纳关税。

蒙
古
国

## 四、限制和禁止进出口的商品

《通过禁止出入境和非关税限制商品列表》规定，国家禁止麻醉品及使用、生产麻醉品的工具、麻醉植物出入境（医用麻醉、植物的进出口根据主管卫生的中央行政机关的批复放行），禁止各类酒精出入境。

此外，对于铀矿石及其精粉、种畜、牲畜、动物精液、胚胎、微生繁殖物、野生动物及其原料产品、与野生动物有关的研究用标本、普通历史文化纪念品及用于动物、植物、矿物研究和解剖学、考古学、古生物学、种族学及钱币研究的采集品和收藏品为限制出口产品。历史、文化珍贵纪念品；限制进出口必须监控的医疗、预防用器官、捐助血，剧毒化学品、枪支、武器，作战用品、装备及其配件、设备、爆炸品为限制临时出口产品。

## 五、中蒙进出口安全合作协议

中蒙间进出口商品还须符合蒙古关于进出口商品检验检疫的相关法律规定及中蒙间签订的双边条约。蒙古国边境技术监督局负责边境口岸的边境卫生、传染、动物及植物检疫、质量检验。关于进出口商品检验检疫的相关法律、法规主要有：《边境法》、《动植物及制品进出境检验检疫法》、《卫生法》、《牲畜基因库及健康保护法》、《反烟毒害法》、《标准、规范评估法》、《食品法》、《植物保护法》、《反酗酒法》、《反艾滋病法》、《国防法》、《作物种子法》、《化学有毒物质防护法》、《药品法》、《健康法》、《麻醉药物、刺激神经物质流通监督法》、《免疫法》等。

2009 年中蒙两国签署了《中华人民共和国国家质量监督检

验检疫总局和蒙古国食品农业轻工业部关于进出口食品安全的合作协议》（以下简称《中蒙进出口安全合作协议》）。该协议旨在加强双方在进出口食品安全领域的信息沟通和合作、扩大两国间食品和农产品贸易。并在该协议框架下签署了《中华人民共和国与蒙古国技术监督局关于中国和蒙古进出口熟制牛肉产品和熟制绵羊肉、山羊肉产品检验检疫及兽医卫生条件议定书》和《蒙古国小麦、油菜籽输华植物检疫要求议定书》等三个合作文件，并原则同意修订签署的《中华人民共和国国家质量监督检验检疫总局与蒙古国食品和农业部关于中国输往蒙古国食用马铃薯、蔬菜和水果的检验检疫议定书》。该份合作协议的签署标志着中蒙双方更加重视食品安全、以制度化的形式确定了两国间在食品质量安全领域的合作，将对保护两国消费者健康和利益发挥重要作用。

# 六、《阿拉坦布拉格自由贸易区法》

蒙古国国家大呼拉尔于 2002 年 6 月底通过了《阿拉坦布拉格自由贸易区法》。阿拉坦布拉格位于蒙古色楞格省属于蒙边境地区，占地约 500 公顷，自古以来就是中俄贸易的重要口岸，有"茶市"的美称。虽然《阿拉坦布拉格自由贸易区法》制定于2002 年，但是直到 2014 年阿拉坦布拉格自由贸易区的供水、供电、供暖、污水处理、道路和仓储建设工程才准备完毕。2014年 6 月 22 日才进行试运营。此外，为促进经贸发展，内蒙古自治区还与蒙古阿拉坦布拉格自由贸易区签订了《中华人民共和国内蒙古自治区人民政府口岸办公室与蒙古国"阿拉坦布拉格"自由区行政管理中心合作备忘录》，优先支持内蒙古在自由区内从事的各项投资和商务洽谈。

根据《阿拉坦布拉格自由贸易区法》，商贸经营者可直接入驻并从事商贸活动。在该自由贸易区内投资兴建仓储、搬运、旅游业的企业五年内免征所得税，后三年减免50％。对在自由区内注册的外国企业和机构免征固定资产税，区内注册的外国企业和机构或常住居民向蒙古企业、机构和个人转让其国定资产时，免征所得税。在区内经营商贸活动可享受免除3年的所有税收的优惠政策，外国公民持普通护照可以自由出入，可以直接在区内办理签证业务。

# 七、《扎门乌德经济自由区法律地位法》

2003年6月蒙古国大呼拉尔通过了《扎门乌德经济自由区法律地位法》，旨在与内蒙古自治区二连浩特市交接的扎门乌德口岸设立一个自由区。《扎门乌德经济自由区法律地位法》对区内税收减免和金融服务等方面做了详细的规定，并给予区内经营者很多优惠政策。但扎门乌德自由区相比阿拉坦布拉格建设较晚，至今仍未明确开发办法。但业界表示，2015年5月20日内蒙古与扎门乌德自由区开展的经贸投资合作对接会有望推进中蒙间跨境经济合作区项目的建设。

此外，蒙古目前规划建设的查干诺尔自由贸易园区因远离主要市场、缺少交通运输基础设施，建设难度较大，也没有通过与建设自由贸易园相关的法律法规。

## 第三节　在蒙古国进行贸易的法律风险与防范

蒙古加入世界贸易组织已经近二十余年，迄今为止仍没有统一的对外贸易规定，且与中国签订《中蒙双边贸易协定》后对该协定也一直没有修订。如上文所述，现在蒙古贸易关系规定的一些法规只有《关税法》、《增值税法》、《外国投资法》、《自由区法》、《海关法》等。因没有统一的对外贸易规定，经营者在进行贸易活动时应提前咨询中国驻蒙古使领馆、中国驻蒙古商务部经济商务参赞处的意见。

在蒙古国从事贸易活动一定要熟悉当地特殊的贸易环境，适应当地特殊的交易特点并采取有效措施开展业务。蒙古国国内资源匮乏，大部分产品依赖于进口，因此在蒙古从事对外贸易的经营者较多。在蒙古从事商品贸易，应平衡好产品质量和价格，保证产品的优质，提升中国产品对外形象。蒙古国法律环境相对较差，法条多变，执行起来随意性较高，经营者在蒙古国投资须谨慎选择合作企业。

# 一、国内政府更迭频繁，法律及政策稳定性差

如前文所述，蒙古实行议会制政体，由国家大呼拉尔制定法律，国家总统虽为国家象征，但根据《宪法》规定享有对国家大呼拉尔制定的法律的否决权。政府总理负责政府运行，但事实上权力有限。《宪法》规定在国家大呼拉尔选举中占半数以上的党派可以组阁政府，蒙古总理就政府的结构、成员和改组提出意见，同总统磋商后向国家大呼拉尔申报。由于蒙古国党派林立，但以政党难以在大呼拉尔选举中超过组阁条件，经常不得已成立联合政府（如 2014 年 6 月，执政的民主党、在野的人民党和"正义联盟"组成联合政府）。各政党围绕大呼拉尔选举竞争激烈，各政治势力均有参与。从 1990 年至今，蒙古国共经历 4 任总统、14 届政府总理，每届政府平均执政年限仅为 1.7 年，在 20 世纪 90 年代末"民主联盟"执政期间，更是党派纷争不断，

四年期间更换了四届总理。蒙古国每届政府上任，对上届未实施的决议都要重新审议，很难有稳定及连续性的政策。尤其在矿业领域和有关外商投资法律方面，法律多变。由于蒙古政府更迭频繁，新一届政府往往会废止上一届政府与投资者签订的投资协议或者制定符合本党派发展宗旨的法律，使得外国投资者无法继续按原协议内容继续履行，造成重大经营损失。[①] 如2010年4月蒙古总统颁布的总统令，宣布无限期停止颁发新的探矿证并停止转让探矿证和采矿证，并于同年11月宣布根据《水资源和森林法》回收254个金矿采矿许可证。该次在矿业领域政策的调整使得大量在蒙古已投资的外国投资者遭受到重大经济损失。

另外，蒙古国内"能源民族主义"和"资源民族主义"近年来也影响蒙古国内立法。近几年，全球资源能源问题日益凸显，资源、能源政策也成为各国外交安全政策的一部分，对国家战略层面的影响和作用日益加强。各经济大国对能源、资源的激烈争夺和国际资本大鳄的借机炒作直接导致了国际能源、资源价格的迅猛上涨，也促成了国际上"能源民族主义"、"资源民族主义"、"资源国有化思潮"的抬头。受此影响，2005年以来蒙古出现了"健康社会公民运动"、"我的蒙古土地"、"坚决革新"等一批社会运动，他们打出"还资源于人民"、"保护环境、造福子孙"的口号，一方面横加干预和影响矿业企业的生产经营，经常举行集会游行，大造舆论；另一方面呼吁政府修改法律。

面对新的国际形势，蒙古国作为人口稀少、资源丰富的内陆国家，也已经明确将矿产资源开发列为经济发展的优先领域之一，在经济发展中加强了对矿产开发的倚重。因1997年《矿产法》被视为"偏向外国投资者利益"，政府无法施加任何影响保护国家和人民的利益，使得大部分矿权"花落"私人矿主手中。例如，加拿大公司获得了储量达45吨黄金的宝罗金矿开采权，

---

① 可参考本章第二个典型案例，蒙古与力拓集团就奥尤陶勒盖铜金矿开发协议产生的纠纷。

根据该法与政府签订了稳定经营合同，即享受 5 年免税 5 年减半的优惠政策，而公司投入年产 8 吨的设备，在免税期内即可开采完毕，最终蒙古国将为此付出很大的代价。因此，"民族资源主义"得到了蒙古政府和人民的认可，成为 2006 年《矿产法》出台的间接原因。再如 2012 年 5 月的《外国投资战略意义领域协调法》也是受到国内排华势力影响而颁布的，该法不仅对矿产业、银行业和金融业等重要经济领域进行特殊规定，还扩大政府或国家和各级呼拉尔对审查外国投资的自由裁量权。

## 二、政府干预企业微观经济活动明显加强

以矿业领域为例，虽然矿业法律法规制定权和管理权属于国家大呼拉尔和中央政府，但是如果不能得到地方政府的支持，即使取得了矿山管理部门颁发的勘探或开采许可证后也不一定能够顺利进行勘探或开采。

根据相关规定，蒙古各省有权随时将辖区内的任何区域作为"特殊用地"加以保护。即使正在进行勘探和开采的区域，只要省长提出建议，经省呼拉尔讨论通过，也可以作为"特殊用地"而停止在该区域的勘探和开采。强占矿区的情况时有发生，对境外投资人造成了相当的损失。2006 年《矿产法》"国家对矿产的参与"条款规定，政府有权参与具有战略意义矿产的开发项目，与私人合作开采利用国家预算资金勘探并已确定储量的战略矿产时，国家参股比例最高可达到 50%，具体比例参照国家投入的资金额通过开矿合同确定；合作开采勘探过程中没有使用国家预算资金并已确定储量的战略矿产，国家参股比例最高可达 34%，具体比例参照国家将投入的资金额通过开矿合同确定。通过这些规定可见，蒙古国明显加强了对大型矿产资源的控制，增加了外商投资企业的投资风险，使投资企业面临更多不确定和不可预测的因素。

## 三、国内基础设施较薄弱

蒙古国的基础设施较为落后，制约投资发展。首先，蒙古国属于世界上 31 个内陆国家之一，没有出海口，并且国内各项基础设施特别是交通运输条件相对落后。蒙古国的海上贸易最方便的两个端口是距中蒙边境 3 800 公里的中国天津港和距蒙古国边境 1 800 公里的俄罗斯符拉迪沃斯托克的港口。其次，蒙古国交通运输能力较差。目前，蒙古国现有铁路长 1 811 公里，仅占全国运输网总长的 1.9%，担负着蒙古国 62.8% 的货运量和 2.3% 的客运量。与中国相比，蒙古国的铁路运输水平较低，铁路密度为每 100 平方公里 0.16 公里，仅相当于中国东北铁路密度的八十分之一。国内及跨国运输问题已成为制约外资注入蒙古国矿业的重要因素。最后，基础设施落后。蒙古国工业基础落后，投资建厂时需要大量的前期配套投入，初期投资成本较高。上述硬件的落后，一方面制约了蒙古国外经贸发展，但另一方面也为相应投资提供了机会。

## 第四节　典型案例

### 一、中铝公司与蒙古珍宝公司塔本陶勒盖煤矿贸易合同案

2011 年 7 月，中铝公司与蒙古珍宝公司（Erdenes Tavan Tolgoi LLC）签订了蒙古塔本陶勒盖煤矿东部矿区长期贸易合同，中铝公司以2.5亿美元的预付款价格获得了蒙古塔本陶勒盖煤矿优质焦煤7~12年的销售权。塔本陶勒盖煤矿号称世界上最大的未开采露天焦煤矿之一，已探明储量约15亿吨，资源量约64亿吨，剥采比只有1∶3.5，开采难度小。塔本陶勒盖煤矿的主要煤产品为低硫低灰的优质主焦煤，据业内人士预计，该煤田能够提供超过10亿吨高质量炼焦煤。中铝公司与蒙古珍宝公司签订的产品长期销售协议是中铝公司坚持"走出去"的战略成果，有助于提升国内优质煤炭供应水平。首批焦煤已于2011年10月18日开始进口，每年进口优质焦煤约500万吨。按照包销协议，中铝公司买断了塔本陶勒盖煤矿东部矿区的销售权，对塔本陶勒盖煤矿东部矿区优质焦煤拥有实际控制权，其可以将矿区焦煤按一定比例销售给韩国和日本的企业。

2012年10月，蒙古珍宝公司管理层更换，新的管理层提出修改原协议约定的煤炭价格，或者减少出口量，但中铝公司坚决反对。

2013年1月，蒙古珍宝公司又重新提出这一要求并单方面撕毁合约，要求对双方2011年7月签订的长期贸易协议进行重新谈判。蒙古珍宝公司认为中铝的包销价格过低，合同规定的煤炭价格每吨最高为70美元，远远低于煤炭国际市场价格，因此要求提高煤炭供应价格、减少对中铝公司的供应量。但是中铝公司坚决不同意，经中铝公司积极协商谈判，时隔3月双方最终恢复合约。中铝公司就与蒙古珍宝TT公司CEO Batsuuri关于与中铝煤炭销售合同的有关言论作如下表示：

"中国铝业控股的中铝国际贸易有限公司和珍宝TT公司于2011年7月26日签署的关于TT东区煤炭长期包销贸易协议，系经双方友好协商、在平等互利的基础上达成的。协议经过中蒙两国政府审批，符合国际商业规则，具有法律效力，也体现了中蒙两国通过扩大经贸关系、加强两国合作、发展睦邻友好的意愿。协议在过去的一年多时间里，在双方公司的努力下得到了较好的履行，达到了合作共赢的目的。对于合同执行中出现的具体问题，以及珍宝 TT 公司经营因全球和中国煤炭市场持续下跌而出现的暂时性困难，中铝国际贸易有限公司作为珍宝 TT 公司的长期合作伙伴，一直以负责任的态度，在维持合同根本性条款不变的前提下，真诚地与珍宝 TT 公司研究解决问题，并提供力所能及的帮助。中国铝业高管团队于 2012 年 11 月拜访了珍宝 TT 公司新任管理层，就对方之前提出的修改协议价格的要求，表明了我公司的上述立场，并表达了愿意帮助解决其具体问题和困难的良好愿望。我公司工作团队也与对方进行了多次业务交流，并提出了具有建设性的解决方案。尊重合同的严肃性，是双方合作的基石。履行好两国间这项重大的长期协议，将对维护和提升两家公司乃至两国在国际上的声誉产生积极的影响。我们希望珍宝 TT 公司，严格遵守包括保密条款在内的协议各项规定；希望双方诚信为本，共克时艰，互利双赢，共同发展，使珍宝 TT 协议的长期稳定执行成为中蒙两国间经贸合作的典范。"[1]

此后，蒙方也曾有过停止向中铝公司供应焦煤的举动，但双方通过对话沟通，最终合同得以继续执行。塔本陶勒盖煤矿长期贸易合同采用的是以预付款包销优质焦煤的贸易模式，在这种模式下，中铝公司通过低价获得了优质焦煤，同时也通过支付预付款解决了蒙古珍宝公司在国际上的融资困难。有专家认为，蒙古停止向中铝公司供应焦煤的行为是"能源民粹主义"议员在议会取得控制权后的针对性行为，包括修改前政府与外国投资者签订的开发合同或重新制定修改投资领域法律规定。

---

[1]　http：//finance. sina. com. cn/chanjing/cyxw/20130125/232014408289. shtml.

## 二、蒙古与力拓集团签署奥尤陶勒盖铜矿①开发项目

2009 年 10 月蒙古矿能部长、财政部长、自然环境部长代表政府与加拿大艾芬豪矿业、力拓集团②和艾芬豪矿业蒙古公司代表签署奥尤陶勒盖铜金矿开采协议，包括《投资协议》、《股份协议》和《预付款协议》。蒙古国家大呼拉尔曾就奥尤陶勒盖铜金矿的开发进行过多次会议讨论，蒙古总理表示该开发协议的签署标志着蒙古战略大矿的开发进入实质性实施阶段，是蒙古经济发展的重要历史时刻。蒙古政府认为奥尤陶勒盖矿进入实质性开发之后，每年将为蒙古增加出口 20 亿~25 亿美元，年均上缴财政的税收将达 5.8 亿美元，通过该项目的实施将为蒙带来税收等各项收入合计约 290 亿美元。此外，该项目的实施也将为蒙创造大量就业岗位，其中建设阶段将直接创造就业岗位 4 000~5 000 个，创造间接工作岗位约 10 000 个，进入生产阶段后将提供 2 500~3 500 个工作岗位，这些工作岗位的90%将提供给蒙古人。根据双方协议，项目投资协议和股份协议签署后，投资者将向蒙政府提供 2.5 亿美元的预付款，分三次打入蒙古国家账户。第一次在合同签署后两个星期内向蒙古政府支付 1 亿美元预付款，2010 年 4 月向蒙古政府提供第二笔款项 5 000 万美元，最后一次的 1 亿美元款项在 2011 年 10 月 20 日之前支付。

2012 年 11 月，绿松石资源公司（Turquoise Hill）③表示，

①　奥尤陶勒盖铜金矿（OT 矿）是蒙古最大的铜金矿，也是蒙古重要的经济支柱之一，初步探明铜储量为 3 110 万吨，黄金储量为 1 328 吨，白银储量为 7 600 吨。但因基础设施落后和融资问题，该矿 80% 的地下矿尚未开始开发。

②　力拓集团是全球领先的矿产资源集团之一，世界第二大铁矿石生产商，主要勘探、开发和加工矿产资源，兼营煤、铁、铜、黄金、钻石、铝、能源等业务。

③　其前身为加拿大艾芬豪矿业有限公司，是力拓集团的子公司，力拓集团控股艾芬豪矿业有限公司后将其改名为绿松石资源公司。

蒙古矿业部长通知该公司要求重新协商 2009 年与蒙政府签署的关于奥尤陶勒盖的投资协议。但绿松石资源公司拒绝了蒙古政府的要求，坚持认为 2009 年签署的投资协议有效且已经在 2011 年 10 月得到确认。绿松石资源公司首席执行官表示"绿松石资源公司已经投资了近 60 亿美元，并为蒙古公民创造了几千个就业岗位，按照投资协议即将生产出第一批产品，因此该投资协议是确定有效有约束力的。"

协议签署后直至 2013 年年初，力拓集团与蒙政府之间仍未就项目发展、成本、营业收支预算、项目融资、管理费用、控制权等一系列履约问题达成协议。蒙古政府总理阿勒坦呼雅格曾要求力拓集团将奥尤陶勒盖矿的所有收益存入蒙古本国银行，并以奥尤陶勒盖铜金矿公司产品出售合同未经董事会通过为由将首批铜金矿产品出口日期推迟到 2013 年 6 月，有舆论称该次推迟出口与 2013 年 6 月 26 日蒙古总统大选相关。2013 年 7 月，该矿向中国出口了第一批铜。

因税收和奥尤陶勒盖矿地下矿山建造成本方面的分歧，蒙古政府、力拓集团和绿松石资源公司经过长达两年左右的谈判于 2015 年 5 月 18 日签署了《奥尤陶勒盖地下矿开发和融资计划》（The Underground Mine Development and Financing Plan），该计划明确了重新开始地下矿开发的股权事宜，授权力拓对奥尤陶勒盖矿的地下部分进行开采。[①] 项目二期总投资预计将达 54 亿美元，其中地下开采工程总投资约 49 亿美元，计划融资超过 40 亿美元。根据协议，奥尤陶勒盖铜矿 66% 的权益由力拓集团所属的绿松石资源公司拥有，蒙古政府占奥尤陶勒盖铜矿股份的 34%，并允许力拓集团在一个先有露天矿厂的基础上进行地下开采作业。据估算，奥尤陶勒盖矿每年可以生产 45 万吨铜和 33 万盎司

---

① 2015 年 5 月，有媒体发表文章《蒙古将被力拓集团的大规模铜矿开采所改变》，文中认为对蒙古奥尤陶勒盖铜金矿这一价值 1 万亿美元的矿产资源进行开采，会将蒙古从农业社会加速推进至工业社会。

黄金（已完全产能计算），及数量非常可观的银和钼产量。按照初步融资方案，参与项目融资的有 14 家不同的国际组织和银行，其中包括世界银行下属的国际金融公司（IFC）和多边投资担保机构（MIGA），目前正在与相关国际金融机构就融资事宜进行谈判。该公司业务报告显示，二季度 OT 矿的铜精矿产量达到 55.3 万吨，较上年同期大幅增加 52%，这也是该项目 2013 年投产以来的单季最高产量。

# 蒙古国工程承包法律制度

## 第一节　在蒙古国进行工程承包的方式与业务流程

　　由于蒙古国国内劳动力和建设能力不足，20 世纪 90 年代私有化改革以来蒙古国国内大部分工程项目都是由国际机构组织援助和其他国家对建设项目的承包完成的，包括国内主要的基础设施建设，如铁路、公路、机场和电力等。因中蒙毗邻而居，中国具有承包蒙古建设工程项目的天然地理优势。目前蒙古已经成为我国在海外工程承包、技术和成套设备出口的重要市场之一。

　　蒙古没有相对完善的工程承包类法律体系，所以蒙古政府对于外国承包商承揽工程项目的限制比较少，蒙古国国家和各省市政府部门出资的项目通常由各主管部门公开发布招标信息，进行公开招标。公司、企业、个人项目的招标无特殊规定，即可通过公开招标进行，也可通过各种关系网络介绍方式进行。某些中蒙合作项目或者私人投资项目也可直接向几家公司发出邀请，然后根据各公司提供的招标文件进行评标、议标。也有少数已与外方业主建立了良好合作关系的公司愿意采用直接议标的方式与承包方商谈签订承包合同。甚至有的公司愿意垫资帮助业主开展项目的前期勘探、科研工作，帮助业主解决融资问题，从而与业主确定排他性合作地位。当项目具备建设条件后，与业主直接议标获得项目。

## 第二节　蒙古国有关工程承包法律体系及基本内容

### 一、蒙古国建筑法

在蒙古承包工程的主管部门是道路交通建筑城市建设部。根据 2001 年 2 月 1 日颁布的《蒙古国商业活动许可法》（经修订）以及 2008 年 2 月 5 日颁布的《蒙古国建筑法》（经修订），工程公司或承包商必须取得《建筑工程许可证》方能从事编制施工设计图、开展施工活动、生产施工材料以及生产、装配、准备并开展相关建筑（包括电梯和起重设备以及相关组件／部件）的维护服务和开展公用事业工程和服务等建设施工活动。获得相关批准后，须接受国家技术监督局对承包工程的审查和项目监督。同时在项目开工前，还需要到蒙古国技术监督总局办理《建设开工许可证》。

### （一）施工许可

施工许可证只能授予依据蒙古国法律设立的法律实体，蒙古国不允许外国自然人在当地承揽工程承包项目。因此，位于蒙古国的外国公司或外国代表处没有资格申请施工许可证。如果外国公司拟开展上文所述的五类活动中的任何一类活动，其首先需要在蒙古国设立子公司以取得许可证。该外国公司子公司可以申请施工许可证。而且，外国母公司必须已经在其设立的司法辖区取得与申请人所申请的施工许可证相应的许可证。施工许可证的有效期为三年，可以另外续展三年，前提是持证人符合续展所有要求（包括外国母公司出具的推荐信以及相关机构就竣工的建设工程出具的调试证书和已竣工工程的照片）。施工许可证上的活动包括以下五种活动：

1. 编制施工设计图。根据《建筑法》规定，"建筑"是指：（1）居住建筑物；（2）公共、民用和工业建筑物、结构物，包括马路、桥梁、水坝和堤岸；（3）由经许可的实体根据适用施工标准编制的并经授权实体认可的设计图而建造或修建的工程系统，包括能源、通信、水及污水系统。"设计"综合性定义为，包括建立、维修、扩大或修复结构物所需的技术、可行性研究、技术或工作计划、岩土工程评估、测绘地图和综合性建筑成本预算。

2. 履行建筑工作。《建筑法》第3.1.2条将"建筑工作"定义为，是指关于所有类型的建筑的施工、扩建、重建或翻新工作或装配和安装设备。进行施工的分包商需要取得施工许可证。

3. 制造建筑材料。《建筑法》第3.1.3条将"制造建筑材料"定义为，是指建筑材料及其他原材料的开采以及该等材料、物品及其组件的制造。

4. 升降结构的制造、装配和履行维护服务。《建筑法》第3.1.10条将"升降机装置"定义为，是指用于垂直和水平地升降及运输人与货物的设备。

5. 公共事业工作和服务。《建筑法》中没有关于公共事业工作和服务的法定含义。但是，经2009年第212号部长命令批准的"关于实体申请开展公共事业工作和服务的基本条款和要求"中规定，在以下类型的公共事业工作和服务中，实体应申请许可证：

（1）废物和垃圾的分离、运输和处理，以及城市开发服务的提供；

（2）移动供水服务的提供，以及对城市地区和供水服务点的供水井的运营和维护；

（3）供水和污水处理网络的运营和维护，以及水处理设施；

（4）住宅公寓的供水中心和污水、供暖和电力网络的运营和维护。

## （二）建筑设施及建筑预案的要求

根据《建筑法》规定，建筑设施的保质期为一年，此外，建筑设施应符合以下要求：（1）具备舒适的工作、生活条件，对人体健康无害，安全有保障；（2）遵照满足《建筑法》中关于工程图纸的要求设计图纸施工；（3）符合残疾人使用条件；（4）不影响周边建筑设施的正常使用；（5）符合工艺美术和保护自然环境的要求。

同时，《建筑法》第十条规定工程图纸应符合以下要求：（1）工程图纸应根据设计任务书、制图规范、技术要求、设备说明、土地许可、地质勘探结果、施工技术条件进行设计；（2）具备有效利用材料、燃料、电力、水资源的条件；（3）满足残疾人通行便利需要；（4）街道、广场、休闲场地、花园、运动场所、公园等公共场所可供自由利用；（5）供水、排污、供电、供暖、通讯等设施不得妨碍自然采光；（6）要采取措施防止噪音、噪声、烟尘、毒气、高频、垃圾、放射性物质污染环境；（7）必要时应采取保护公众的措施。

建筑材料、用料应满足下列要求：（1）完全符合质量标准和图纸设计要求；（2）对人的生命安全、健康和自然环境无害；（3）具备生产证明、质量证书和检验报告；（4）符合质量标准的正规包装和产地、商标、底座以及集装箱等。

《建筑法》严格禁止未签合同情况下设计工程图纸、承揽工程、生产建材和图纸设计方、投资方对工程质量进行监理、进行采购等相关工作。建筑合同应遵循民法及其他法律规定制度。禁止中标的个人及法人将工程转让、倒卖给他人。保证期届满时，由使用人、施工方和所有人共同对建筑实施进行验收所需的相应措施后方可视为保证期届满。

## （三）工程投资、发包方的权利义务

除《民法》规定的权利义务之外，投资、发包者有以下权利义务：

（1）取得建筑用地审批，申请并具备施工条件，签订图纸设计合同；

（2）监督工程进度和质量，采用照片采集开放性和隐蔽工程项目和施工资料；

（3）负责清理工地及解决投入使用所需费用；

（4）因兴建、装修、维修而破坏巷街、道路、场地或修建管道及连接，暂移树木、亭园时，负责恢复原状并承担费用；

（5）负责与建筑设施周围环境的整体协调；

（6）对工程图纸设计和施工进行监督；

（7）解决质量保证期内发生的问题；

（8）国家建设项目中，严禁进行无图纸工程。

建筑投资者可根据所签订合同将施工和咨询事宜交由建筑技术人员完成。禁止预售未获得建筑用地审批、地质勘探结果审批和未完成图纸设计的住宅。对未交付使用的建筑设施，在施工过程中可临时供应电、暖、冷热水，而对长期不能投入使用的建筑则不予供应。

## （四）工程承包方的权利义务

除《民法》规定的权利义务外，承包者有以下权利义务：

（1）采取必要措施预防建筑实施可能发生的自然灾害、突发危险，在兴建、装修、维修过程中遵循自然环境、健康卫生、消防安全等有关监督部门的合法要求和建议；

（2）将从建筑设备的预算造价中按 0.81% 比例征收的收入按图克里格汇入建筑规范基金的资金账户；

（3）在工程质量保证期内，承担因自己过错引发的质量隐患所产生的费用；

（4）因兴建、装修、维修而破坏巷街、道路、场地或修建管道及连接，暂移树木、亭园的，应全部恢复原状；

（5）确保施工现场的劳动保护、健康环境、安全生产。

根据《建筑法》第十六条规定，工程承包方禁止在无设计图纸时进行施工，禁止在兴建、装修、维修工程中使用不符合国际和国家质量标准，无产地证明和说明的材料、用料和建筑模板支架。禁止使用未经检验的不确定对气候环境的影响程度的进口材料、用料。进口建筑材料须有产地证明和符合要求的使用说明。建筑工程未经主管部门允许禁止开工及施工。若施工过程中改变原始图纸所完成的阶段性工程也应有相应的变更图纸。通过竞标获得工程特别许可的中标人应自己负责完成基础工程。基础工程包括地基、墙体、楼板、结构、屋面。

## （五）图纸设计方的权利义务

除《民法》、《著作权法》及相关法律规定的权利义务外，图纸设计人有以下权利义务：

（1）经许可从事图纸设计服务业务；

（2）根据本法9条要求完成图纸设计和确认；

（3）根据本法第15.1.2条，在施工过程中行使设计方的监督权；

（4）应投资方、发包方、承包方的要求，在规范要求范围内修改图纸设计；

（5）未按图纸施工时，有权要求更正或通知建筑质量监督部门停止施工、拆除不合格部位；

（6）递交报批利用外国贷款、援助资金和国家预算资金完成的建筑或地处六级以上地震带内的建筑实施的设计及地质勘探报告和可行性报告及工程图纸设计和城建材料图纸；

（7）设计建筑设施外观、景观配套规划、建筑设计，并予以施工监督。

## （六）违法者的责任

对违反建筑法律法规者，构不成刑事犯罪时，由法官及国家建筑技术监察员追究以下责任：

（1）对未经许可从事工程图纸设计、施工、建材生产、起重设备以及从事类似生产、安装、维修和服务的个人处以50万~100万图格里克的罚款，对企业单位处以200万~400万图格里克的罚款；并由过错方承担拆除非法建筑、恢复原状的费用。

（2）对违反《建筑法》有关工程图纸、建筑材料、用料、建筑合同、承包方权利义务、图纸设计方权利义务、建筑材料生产方权利义务、建筑规范标准资料规范条规定、不符合残疾人使用条件、影响周边建筑设施的正常使用等规定的个人处以25万至50万图格里克的罚款；对企业单位处以100万至200万图格里克的罚款。

## 二、石油法和石油产品法

蒙古国几乎完全依赖于进口成品油项目。鉴于这种依赖给国家安全带来的风险，蒙古国一直在努力通过修订其法律框架以及引入炼油厂税收激励政策来吸引外商投资者，以促进本国石油产业的发展。蒙古国的法律和监管制度将石油产业分为两个子门类，即"石油"（газрын тос）或上游业务（采油和钻井），和"石油产品"（газрын тосны бүтээгдэхүүн）或下游业务（制成品及输送）。2014 年 7 月 1 日，蒙古国议会通过了人们期待已久的《蒙古国石油法》修订本（以下简称为"《石油法》"），该法于 2014 年 7 月 20 日生效。《石油法》为石油产业制定出一套综合性法律框架，而此前 1991 年颁布的《石油法》则由于其跟不上时代而受到众多批评。《石油法》修正案是蒙古国改善和发展石油产业走出的重要一步。除 2013 年通过的《蒙古国投资法》以外，这是为吸引更多外国和本国投资者涉足石油产业作出的另一个积极措施。

《石油法》将石油产品分为两个大类，它们是燃油（газрын тос）以及非常规石油（уламжлалт бус газрын тос）。燃油是指除精炼石油以外的原油及天然气，而非常规石油则是指油砂和页岩油。在旧体制当中，经营单位需要获得许可才能开展"石油相关业务"。一些与石油相关的业务归入了"石油相关业务"范畴，即勘探、保护、生产、加工、运输、储存和贸易。在之前的立法中，如果一个法人实体计划仅从事其中一种业务，是否需要获得涵盖全部石油相关业务的许可，这点是不清楚的。这导致那些希望从事石油产业活动的公司在审批程序上面临困惑。但新的《石油法》仅规定了三种与石油相关的业务，即研究、勘探和开采，这一点是非常受投资者欢迎的。燃油和非常规石油的勘探和开采业务需按照《石油法》获取许可证，而其他业务，诸如石油的研究、贮藏和运输，则需要有关当局发放的认可或经其批准。这类批准（зөвшөөрөл）通常涉及简单的审批程序；而许可证（тусгай зөвшөрөл）则涉及比较复杂的程序，其中，申请者必须满足相关法律法规所规定的更为严格的要求。蒙古国矿产资源部和蒙古国石油管理局（PAM）是石油产业的两个主要监管机构。矿产资源部负责政策事宜、签发许可证和组织勘探点的招投标。石油管理局则是主要的执行部门（根据内阁授权），负责诸如缔结产品共享协议、审批年度计划和监管费用支付等事宜。

## （一）承包商、运营商和分包商

《石油法》分别规定并对"承包商"、"运营商"和"分包商"等术语下了定义。"承包商"为已签订在蒙古国境内进行石油和/或非常规石油勘探或开采业务的公司。"运营商"被定义为在蒙古国成立和注册的作为蒙古国纳税人开展探勘和开采业务的"承包商的公司"。"分包商"是在蒙古国成立和注册的作为蒙古国纳税人按照其与承包商或运营商签署的协议开展某些石油相关业务的公司。运营商和分包商必须是在蒙古国注册成立的主体，而承包商则可以是外国公司。运营公司是否必须是承包商的直接子公司，抑或仅是某类关联机构，这点并不清楚。似乎这些主体间需要具备一些股权上的直接关联。

## （二）研究与产品共享协议

"研究"（эрэл）是"为确定某一特定区域内是否存在石油及非常规石油及其存在状态而进行的地质学、地球化学和地球物理学的研究"。研究本身并不是一项许可业务。《石油法》规定有意向进行研究的法人实体须向石油管理局提交申请。申请将于提交后的 30 日内得到答复。然而，《石油法》并没有明确规定在蒙古国境内未设子公司的外国公司是否可以提出这一申请。理论上，外国公司不能提出此种申请，因为《石油法》中使用的是一般术语"法人实体"（хуулийн этгээд）。根据《民法》规定，"法人实体"这一术语是指在蒙古国境内成立的法人实体。然而，根据当地律师的意见，基于对《石油法》其他条款的类推适用，外国公司可以进行此类申请的结论也是说得通的。例如，外国承包商可以在研究业务完成后与石油管理局缔结产品共享协议。一份研究合同的期限不超过三年。一家从事研究业务的公司须在缔结产品共享协议前准备一份执行情况报告并征求石油管理局的意见。在石油管理局就执行情况报告签发意见后的 60 日内，公司需要向石油管理局提交缔结产品共享协议的申请。《石油法》进一步要求公司必须向石油管理局提交一份包含某些特定条款的产品共享协议草案。

但是，提交该草案时是否必须提交关于缔结产品共享协议的申请，这点尚不清楚。由于涉及与石油管理局进行谈判，获得矿产资源部的批准以及内阁发放授权等步骤，缔结一份产品共享协议可能需要几个月的时间。

## （三）勘探

根据《石油法》的定义，"勘探"（хайгуул）是指为勘探燃油的储存并确定其储量而进行的钻井、测试开采等地质学、地球化学和地球物理学活动。矿产资源部将向与石油管理局缔结产品共享协议的蒙古国公司发放一项勘探许可证。或者，在实施研究的公司没能和石油管理局缔结产品共享协议的情况下，勘探许可证可以发放给一家中标公司。公司向矿业部提交的勘探许可证申请必须包括辅助材料（例如产品共享协议、环境评估报告、年度工作计划的复印件）以及在一家蒙古国商业银行的第三方保管账户中存入环保保证金的证明。燃油勘探许可证的期限不得超过八年，期限可以延长两次，每次延长期限不超过两年。非常规石油勘探许可证的期限不得超过十年，可以延期一次，最长不超过五年。勘探许可证持有人有义务向石油管理局告知其是否发现燃油，并在发现之日起 15 日内进行登记。在最初登记的 90 日内，勘探许可证持有者必须通知石油管理局该油井是否为"发现井"（нээлтийн цооног）。"发现井"是勘探许可证持有人已经发现有石油储藏的油井。在注册发现井时，勘探许可证持有人有 90 天的时间向石油管理局提交关于油井的评估和预算计划，供石油管理局审批。最后，在完成评估之后，勘探许可证持有人有 90 天的时间向石油管理局提交一份附带经济可行性信息的评估报告。《石油法》规定，勘探许可证持有人可以进行为期最长 180 日的勘探实验（олборлолтын туршилт），但勘探实验期限起算的时间并不清楚。该期限届满之后，如果不开始商业开采，不得使用该油井。

## （四）开采

开采[①]也是一种被许可的活动。在勘探期满后的 90 日内，勘探许可证持有人应当向矿产资源部提交一份储备量报告，以便获得其储备量批准。矿产资源部将基于在该部和石油管理局下成立的委员会所出具的意见书批准储备量。获得该批准后的 30 天内，勘探许可证持有人必须向矿产资源部申请开采许可证并提交相关材料。石油开采许可证的期限不得超过 25 年，期限可以延长两次，每次延长期限不超过五年。非常规石油勘探许可证的期限不得超过十年，期限可以延长一次，最长延期不超过五年。《石油法》规定，在六种不同情形下，比如勘探活动由国家资助或勘

---

① 术语"开采"（ашиглалт）被定义为"开采场所开发以及石油和非常规石油的开采"。

探许可证持有人未提交开采许可证申请等，开采许可证也可以通过公开招标的形式签发。

## （五）费用、开支和产品共享

《石油法》规定了石油勘探和开采的不同费用。这些包括：

| | |
|---|---|
| 许可费 | 《勘探许可证》：<br>－在初始期限内，每平方公里 3 美元；<br>－在任何延期期限内，每平方公里 8 美元。<br>《开采许可证》：<br>－在初始期限内，每平方公里 100 美元；<br>－在任何延期期限内，每平方公里 200 美元。<br>－上述两种费用均按年支付；<br>－未按时支付费用，会产生罚金。 |
| 特许权使用费 | 石油和天然气：<br>－已开采石油和天然气的 5% ~ 15%<br>非常规石油：<br>－［已开采非常规石油的］5% ~ 10% * |
| 回收成本和成本油 | －回收成本将为成本油，金额为经国家审计批准且在产品共享协议项下约定的金额；<br>－成本油将为扣除用于支付特许权使用费的石油后的石油总量的 40%；<br>－非常规石油成本油相关金额将按照具体规定来确定。 |
| 产品共享 | 利润油将按照产品共享协议的条款进行分享 |
| 其他费用和出资 | 《石油法》进一步规定，许可证持有人将支付其他费用和支出，包括合同签署费、开采开始费、开采提升费、培训费和本地开发费 |

注：* 《石油法》关于 5% ~ 10% 特许权使用费之基础的规定并不明确。根据常规石油相关规定类推，5% ~ 10% 是基于已开采非常规石油的总额。

## （六）石油产品法律体系的近期变更

根据 2005 年 7 月 1 日颁布的经修订的《蒙古国石油产品法》（以下简称为"《石油产品法》"）石油产品为"所有类型的燃料产品、沥青、黑油及通过精炼石油及其他化学复合物而产生的其他产品。"《石油产品法》规定了关于石油产品的五个子分类活动，即进口、生产、贸易、运输和存储。石油产品的进口、生产和贸易需要有许可证，而运输和存储活动应当依据《石油产品法》及石油管理局发布的相关规定和法规进行，而无需特定的许可证。另外，2013 年 2 月 7 日对《石油产品法》做出了修订，要求石油产品零售贸易另行获得许可证，直到该法颁布之前，相关活动为无许可证经营的行为。

2013 年 8 月 29 日，矿产资源部批准了部长第 171 号命令《石油产品许可证具体规定》（以下简称为"《规定》"），但是，该规定在蒙古国司法部登记后在 2013 年 11 月底才公布。根据该规定第 2.2 条，蒙古国的公司应当另行获得独立的许可证，以便从事石油产品进口、零售贸易和批发贸易。

此外，该规定还规定，许可证是签发给蒙古国的公司，而非此前体系下规定的机构本身。但是，获得许可的蒙古国公司在任何情况下均需向石油管理局登记其燃料站和存储设施。每个登记设施或燃料站均应当注明在公司的批发或零售许可证上。

## 三、《核能法》

2009 年 8 月 15 日，蒙古国首部《核能法》正式生效，为蒙古开发国内铀矿并建设核电厂奠定了法律基础，但是该法的实施事实上阻碍了国际投资者对蒙古国铀矿的投资。因《核能法》

规定在其生效前所授予的放射性矿产勘探特别许可证和矿产开采特别许可证，需要在 2009 年 11 月 15 日前，按照《核能法》中所指的条件、程序进行更新登记，即撤销了全部铀矿勘查和采矿许可证。申请人需要向核管制局提出申请，在具备《核能法》中所指的条件和要求的情况下，才能更换颁发矿产特别许可证。申请人还应同意并承认《核能法》中的规定："如果铀矿资源的是通过由国家提供经费的勘探发现的，则政府至少在项目中要占51% 的股权；如果铀矿资源的发现勘探没有使用国家资金，那么政府至少在项目中要占至少 34% 的股权。"根据该法规定，政府将无偿取得即将开发铀矿山的公司 51% 的股份。《核能法》还将建立专门针对铀矿的发证和管理制度，该制度独立于现有矿产和金属资源开发规章和法律框架。

# 四、《起重机械安全使用条例》

蒙古路政、运输、城建部门联合发布了《起重机械安全使用条例》，对起重机械的安装和验收程序进行规定。起重机械属于典型的特种设备，特种设备是指由国家认定的、因设备本身和外在因素的影响容易发生事故，并且一旦发生事故会造成人员伤亡及重大经济损失的危险性较大的设备。根据《起重机械安全使用条例》规定，特种设备的施工及验收都要在国家质量技术监督部门——蒙古 SSIA 或其授权的第三方机构监督下进行。典型的起重机械，如门式起重机、桥式起重机、单梁吊、电动葫芦和手拉葫芦等。

经蒙古质量技术监督部门授权的有资质的公司可以行使质量技术监督部门的部门监督权利，监督起重机的验收及施工。

以桥式起重机为例，桥式起重机安装前施工单位必须与经政府授权的有资质的第三方机构合作，由第三方机构监督指导安装、调试和验收工作。根据蒙古国相关法律规定，大于 10 吨的桥式起重机验收时必须由蒙古质监局起重设备主管人员亲自验收；小于 10 吨的桥式起重机验收不需要质监局派人亲自验收，只要通过第三方机构验收，并将资料整理好交由蒙古质监局进行审核即可。蒙古质监局主管人员审核并签字后，桥式起重机即可投入使用。

## （一）施工单位及人员的资质要求

起重机械施工单位需要具有相应的起重机械安装资质，如果为外国公司，需由其在蒙古注册的分公司向蒙古建设部申请相关资质。

同时，起重机械施工人员也必须具有桥式起重机安装维修改造操作证。除了持有其本国有效的起重机操作证外，起重机操作人员还必须持有蒙古起重机操作证。起重机操作人员应向蒙古政府授权机构申请起重机操作证，经考核合格后颁发起重机操作证。此外，施工单位必须指定一名桥式起重机完整性工程师，协调机械、电气、结构等各个专业，全面负责桥式起重机的安装及运行工作。该完整性工程师除需具备本国工程师中级资质外，还需要通过蒙古政府授权培训机构的培训及考试才能担任。

## （二）安装过程及试运转有关要求

安装前施工单位必须与政府授权的第三方机构签订监督验收合同，安装过程受第三方机构的监督指导，安装过程中注意做好各项安装记录。安装过程中需要注意的是测量仪器、钢卷尺、测矩仪、力矩扳手等工具需要蒙古相关部门的检测和标定，并在有效期内使用。

蒙古起重机的试运转分为空负荷试运转、静载超负荷试运转、动负荷试运转，这与国内基本相同。起重机空负荷试运转要在第三方监督指导下进行，并要求设备厂家在场指导，由业主联系蒙古质监局人员到现场监督负荷试验。

## （三）起重机交工验收

桥式起重机在做完载荷试验并将资料收集整理完毕后，即具备最终验收条件。以桥式起重机为例，大于 10 吨的桥式起重机最终验收必须在蒙古质量技术监督局有关人员监督下进行。验收前应做好起重机的自检工作，并由业主向蒙古质监局正式申请交工验收。

桥式起重机实体和资料全部验收合格后，蒙古质监局工作人员将在验收报告上签字，报告内容包括桥式起重机在蒙古的注册号、验收日期、有效期限等主要信息。其他起重机械安装及验收，如电动葫芦、单梁吊等与桥式起重机类似，与桥式起重机程序相近可参考进行。

# 第三节　在蒙古国承包工程的法律风险与防范

## 一、《建筑法》新修订

为改善劳动安全条件，使城市规划、能源电力、基础设施、公路网络达到国际标准要求、满足城市居民的住宅化需求，蒙古国政府于 2015 年 7 月 9 日向议会提交了《建筑法》新修订案。

现行的《建筑法》中对于与建筑设施施工相关的特别许可证中规定高度超过 30 米的塔、支柱、剪力墙，超过 60 米跨度的建筑设施，16 层以上的建筑设计、建筑安装工作的要求，及取得与其相关的特别许可证的程序并不是十分明确。现正在讨论的法律草案中建筑设施分为 5 个种类，除了第 1 类建筑设施外，其他必须具备建筑施工许可。第 5 类建筑设施的施工许可（风险等级最高）需要向负责建筑事宜的政府主管部门领取。

修正案还对申请建筑施工许可及建筑施工特别许可证的程序作了详细的规定。比如对建筑工程的复杂程度即建筑设施的结构、工艺、体积规划、技术条件等根据结构的不同进行设计、施工的过程中所产生的条件状况，对各个种类的建筑工程施工特别许可证如何发放、申请许可证者应该备齐哪些文件都作了非常详细的规定。

此外，修正案增加了对现行法律没有作出规定的建筑施工特别许可证持有企业 34% 的股份转让他人时，该特别许可证必须重新办理的规定。

现行《建筑法》规定建筑施工特别许可证有效期一次为 3 年，新提交的修正案中一次有效期改变为 5 或 10 年。现行《建筑法》中规定建筑特别许可证持有人企业如果连续 2 年没有经营时，将该特别许可证作废。但新提交的草案中该期限延长为 3 年。

现行《建筑法》中关于建筑的技术条件从哪里审批的规定及批复申请的时间都不明确，因此为申请建筑工程开工许可证，可能需要繁杂的批准文件。新提交的修正案中，规定技术条件只从一个部门申请，技术条件审批时间从提出申请之日起 10 日内答复。

因《建筑法》修正案草案较现行《建筑法》变动较大，投资者在蒙古承包工程，在开始施工前一定要做好相应的法律尽职调查工作。此外，由于建筑工程的季节性强，为了领取蒙古建筑施工许可证可能会耽误建筑的时间，给建筑工程造成负面影响。因此，开始施工建设前需要计算好申请建筑施工相应许可证的时间和施工时间，以免发生不必要的意外损失。

## 二、外籍员工配额

蒙古国内劳动力不足，且缺少具有中高级技术的技术工人，大部分海外工程项目都需要从本国引进高技术专业性人才。根据《蒙古国劳动法》（以下简称为"《劳动法》"）规定，公司雇用的外籍员工有一定的配额限制，且公司须为外籍员工缴纳一定的外籍员工岗位费。因此承包商不能大规模雇用中国技术工人赴蒙提供工程服务且劳务成本极高，如承担的是援助类项目或优惠贷款项目，可由业主向蒙古政府申请减免外籍员工岗位费。同时，由于蒙古有关工程承包法律法规的不完善，人为因素较大，为外国投资者在蒙古承包工程造成了一定的风险。因此，建议中方投资者在投资蒙古前对项目工程做好可行性分析及法律尽职调查，并向使领馆征求意见，防止不必要的损失。

# 第四节　典型案例

## 一、中石油塔木察格油田项目

中国石油天然气集团公司（简称"中国石油"）是国有重要骨干企业，是以油气业务、工程技术服务、石油工程建设、石油装备制造、金融服务、新能源开发等为主营业务的综合性国际能源公司，是中国主要的油气生产商和供应商之一。2014年，在世界50家大石油公司综合排名中位居第三，在《财富》杂志全球500家大公司排名中位居第四。中国石油以建成世界水平的综合性国际能源公司为目标，通过实施战略发展，坚持创新驱动，注重质量效益，加快转变发展方式，实现到2020年主要指标达到世界先进水平，全面提升竞争能力和盈利能力，成为绿色发展、可持续发展的领先公司。中石油于2005年进入蒙古，目前在蒙古开展油气投资和油气田工程技术服务等业务。

海拉尔—塔木察格项目是中国石油大庆油田第一个独立运作的海外油田项目，也是我国在蒙古国投资额最大的项目之一。该项目对深化中蒙两国能源领域合作、促进蒙古国石油行业发展具有重要意义。

2005年，大庆油田在蒙古国收购了塔木察格油田的勘探开发权益。截至目前，塔木察格油田已先后建成19、21两个作业区，从最初年产原油1.2万吨增长为2014年86万吨。2007年年初，大庆油田组建海拉尔石油勘探开发指挥部，统一组织海拉尔—塔木察格盆地勘探开发工作，海拉尔—塔木察格盆地成为大庆持续稳产的重要资源接替区和外围增储上产主战场。塔木察格油田属于断块油田，开采难度大。2007年4月5日，第一口井——塔19—236—t216井开钻，标志着塔木察格盆地勘探工作全面展开。这口井是在不断协调解决开钻前存在的问题，克服了泥浆药品、柴油和人员许可仍未全面到位等诸多困难的情况下开钻的。大庆油田始终把效益放在首位，对塔木察格油田所有断块进行经济效益评价、排序，按照"先肥后瘦"的原则布井，虽然每年钻井口数不多，但大多是高产井，单井日均产量可达5.2吨。这种方式有效减少了低效井，增加了高产井的数量，节约了钻井投资。对产量高的偏远区块，他们采取橇装注水方式，单独放置增压泵，直接对周边井位进行注水开发，同样大幅节省了投资。从原油生产到装车外运，再到原油销售，环环相扣，大庆油田坚持简单、实用、安全原则，探索生产、运营、销售一体化运作，实现了塔木察格油田低成本有效开发。

在勘探开发时也遇到很多突发情况，令中石油塔木察格分公司有些措手不及，如 2007 年新颁布的法律与 PSC（产量分成）合同有明显矛盾，塔木察格分公司几位部长小组开始讨论法律和产量分成的矛盾问题。塔木察格分公司通过建立 3 个国家的律师有机联合机制，随时跟踪法律变化，研究制定策略，并针对投资环境变化所带来的一系列问题及时采取对策，及时用必要的法律文件和面谈的方式向蒙古国总统提交解释信、当面向总理汇报、多次向政府议员耐心解释，有效促成蒙古国政府在国会讨论时，再次否定修改产量分成合同的提议，努力保持产量分成合同的稳定执行。通过艰苦的努力，塔木察格分公司在 2007 年获得种种特许，使得蒙古政府通过关于化学品进口的补充决议、从毕其格图和巴彦呼舒口岸进口柴汽油的决定，获得了 20 多项特殊许可等。

针对塔木察格盆地复杂的地质条件，大庆采油院分层开采工艺测试研究室研制了深井压裂管柱。该管柱由安全接头、水力锚、封隔器、导压喷砂器等工具组成。这种管柱针对性强，采用上提法一趟管柱可选压 2～3 个层段，如压裂过程中砂堵，可利用导压喷砂器立即反洗冲砂，冲砂后可继续压裂，提高了工具的适用性。为确保产品的售后服务，大庆采油院选派经验丰富的技术人员到塔木察格油田进行服务。只要接到现场施工的通知，技术人员都会在规定的时间内组织压裂工具、车辆等赶到施工现场，出色地完成每次压裂作业，取得了塔木察格盆地勘探开发产能新突破。

大庆油田把蒙古国塔木察格项目纳入全局统筹考虑，使塔木察格油田在勘探开发、产能建设、环保公益等多个方面取得全面进展。面对恶劣的气候环境、复杂的地质条件，大庆"海拉尔—塔木察格"指挥部在勘探上科学、周密部署，攻坚克难，加大市场开发，优化钻井方案和生产组织运行，先后有大庆钻探等数十支国内队伍参与项目钻探工作。在开发上，项目人员通过加强油田注水及注采系统调整，控制产量递减，注水见效区块自然递减率控制在 17% 以内。其中，19 区块已全面实现注水开发；21 区块 2013 年年底投入开发至今，82 口油井全部开井，日产油超过 800 吨。

项目启动以来，重点推进油田基础设施建设工程。目前，19 区块地面系统已基本完善，蒙古国最大的油田综合处理工程——塔一联合站系统工程已建成，将有效提高开发效率和生产管理水平。同时，输电线路工程已架设从乔巴山到生产基地输电线路 188.6 千米，可满足生产基地不间断用电需求，为油田平稳运行提供有力保障。同时，大庆塔木察格项目践行企业安全环保责任，强化安全管理，不断完善 HSE 体系建设[①]，形成了安全动态管理机制，夯实了基础工作；在环境保护上投入资金，完成泥浆池固化 790 个、废液池固化 52 个、植被恢复 19 万平方米、草原道路沿途保护工程 150 公里，建设压裂液返排站 1 座、生活污水处理站 1 座、固体废物处理站 2 座。同时，项目还开展了环境评价、环境监测和土壤质量监测、古文化遗址勘察及退还区块植被恢复等工作。2014 年，大庆油田海拉尔石油勘探开发指挥部塔木察格项目全年完钻开发井 139 口，原油产量达到 85 万吨，比上年增长 25 万吨，并顺利投产塔二联合站产能工程，基本形成塔 21 区块主体框架。经过近两年与蒙方相关部门的协调和努力推进，开通了塔木察格原油东线运输路线，解决了原油运输的瓶颈问题。

塔木察格项目还严格控制劳务指标，严守当地相关法律法规，保证项目工作顺利推进，力争现场人员配置精干、物资储备

---

① HSE 是健康（Health）、安全（Safety）和环境（Environment）三位一体的管理体系。

充分。并抓住新的《安全生产法》和《环境保护法》颁布实施的有利时机，提高依法治企水平，施行安全管理、环保管理。

根据中石油公布的 2014 年年报显示，2014 年 8 月，在习近平主席和蒙古国总统查希亚·额勒贝格道尔吉的共同见证下，中石油与蒙古石油局局长格·乌力吉布任在乌兰巴托签署了《中国石油天然气集团公司和蒙古国石油局关于在石油领域加强合作的谅解备忘录》（以下简称为"《谅解备忘录》"）。

根据《谅解备忘录》，中石油愿在已有的合作基础上，进一步扩大双方在石油勘探开发领域的合作；加强塔木察格项目原油输送设施建设的可行性研究；在项目操作中更加注重履行社会责任，加强对蒙古国石油行业人才培训培养，双方共同制定并实施有利于地方发展、环境保护、改善当地居民生活条件的可行方案；蒙方将在石油行业政策上保持稳定连续性，在国家法律框架内为双方油气合作提供全方位支持。为推动谅解备忘录的执行，双方还将成立推进工作组。此次《谅解备忘录》的签署是中蒙双方深化油气领域合作的一个重要举措。双方将进一步扩大石油勘探开发领域，携手共同探索油气合作互利共赢之路，更好地造福两国和两国人民。

## 二、蒙古"额格郭勒水电站"项目

2014 年 8 月，习近平主席对蒙古进行国事访问期间宣布中国将向蒙古提供 10 亿美元左右的优惠贷款，主要用于额格郭勒水电站建设。[①] 蒙古投资局向多家拟以自有资金方式建设额格郭勒水电站项目的公司发出邀请函，经过招投标后，中国葛洲坝集

---

① 该 10 亿美元优惠贷款年利率为 2%，贷款期为 20 年，由于该贷款用于长期成本回收项目，因此蒙方向中方申请延长贷款期为 30 年。如果中国政府同意，10 亿美元贷款的 85% 由中国进出口银行提供，其余 15% 由蒙古国政府自己承担。

团公司胜出。2015 年 10 月 5 日蒙古政府授权蒙古投资局与中国葛洲坝集团公司①签署"额格郭勒水电站"项目前期阶段基础设施工程特许权协议，该工程特许协议以"建设—转让"方式进行投资。蒙古国工业部部长额尔登巴特依法组织该协议的签署工作。葛洲坝集团公司公司计划首轮出资 1 000 万美元，由于项目工期较短，所以计划从 2015 年冬天开工建设某一工程，设计图、临时设施、桥桩和居点建筑工程 2015 年冬建设完成，基础设施计划工期为 13 个月。额格郭勒水电站项目建设期间将为蒙古公民提供约 500 个就业岗位。

额格郭勒水电站装机容量为 315 兆瓦，投入使用后有助于蒙古国能源系统的独立，扭转蒙古国内电力能源依靠进口的局面，并阻止大量资金流出。

## 三、蒙古能源保护工程项目案

## （一）《FIDIC 设计—建造与交钥匙工程合同》

国际咨询工程师联合会（Fédération Internationale Des lngénieurs Conseils），法文缩写为 FIDIC。它于 1913 年在英国成立。第二次世界大战结束后 FIDIC 发展迅速起来，至今已有 97 个国家和地区成为其会员。FIDIC 是世界上多数独立的咨询工程师的代表，是最具权威的咨询工程师组织，它推动着全球范围内

---

① 中国葛洲坝集团有限公司总部位于湖北武汉，以建筑工程及相关工程技术研究、勘测、设计、服务，水电投资建设与经营，房地产开发经营为主业，是隶属于国务院国资委的国有大型企业，是实行国家计划单列的国家首批 56 家大型试点企业集团之一，享有省级对外工程承包权和进出口贸易权，拥有国家特批的企业财务公司，是国家创新型试点企业。主要从事水利、水电、火电、核电、公路、铁路、市政、工业与民用建筑、机场、港口等工程项目的承包施工和国内外投融资、对外贸易等业务。在蒙古国西部公路发展投资计划框架内在蒙古国建设了 146.5 公里公路并已投入使用。

高质量、高水平的工程咨询服务业的发展。

FIDIC 组织的重要职能之一即为编制和推行国际工程中的各类合同范本。FIDIC 合同条件，一般指 FIDIC 施工合同条件。其条款通过业主和承包商签订的承包合同作为基础，以独立、公正的第三方（施工监理）为核心，从而形成业主、监理、承包商三者之间互相联系、互相制约、互相监督的合同管理模式。FIDIC 合同条件根据英美合同法自由约定原则，并依据实施阶段及实施过程约定的。合同项目是从招投标签约开始，直至工程项目建成、最终结算，合同结束。

FIDIC 曾经出版过 3 种模式的国际合同条件和 1 种协议书：《土木工程施工合同条件》（简称《红皮书》）、《电气与机械工程合同条件》（简称《黄皮书》）、《设计—建造与交钥匙工程合同条件》（简称《橘皮书》）、《业主/咨询工程师标准服务协议书》（简称《白皮书》）。不仅 FIDIC 成员国采用这些文件，世界银行、亚洲开发银行、非洲开发银行等国际金融机构在其贷款的国际项目招标中也要求采用 FIDIC 编制的合同条件范本。其中，FIDIC 的橘皮书适用于由承包商（或代表承包商）设计的工程的设备供应、安装及施工，不适用于由雇主和其咨询工程师设计的项目，也不适用于承包商不对设计负责的情况。

在对原有 FIDIC 合同版本新兴了改良的基础上，FIDIC 于 1999 年出版了四个新合同版本，包括《施工合同条件》（新红皮书）、《生产设备及设计—施工合同条件》（新黄皮书）、《设计采购施工（EPC）/交钥匙合同条件》（银皮书）、《简明合同条件》（绿皮书）。新版 FIDIC 合同继承了原版合同的优点，汲取了国际工程管理经验并听取了各方专家意见，规范了措辞，确定了有歧义的地方，明确了法律界定方法等等。

《施工合同条件》（新红皮书）的适用条件为各种大型或复杂工程，特别适用于以"建设—招标—建设"履行方式的由业主负责设计的施工项目，由工程师负责监理施工和签发支付证书。合同价格的性质总体上为单价合同，以工程量表中的单价来支付完成工作量。该合同的风险分担总体上是对承包商有利的。根据该合同条款，业主可以雇用工程师作为其代理人管理合同，可以根据在施工过程中得到的信息做出变更。承包商则根据业主提供的图纸资料进行施工，并将质量保证体系和月进度报告的所有细节提供给工程师，有时也要根据要求承担结构、机械和电气部分的设计工作。

《设备及设计—修建合同条件》适用于"设计—建造"建设发行方式的项目，适用于建设项目规模大、复杂度高的机电设备项目、其他基础设施项目以及其他类型的项目。与其他合同条件相比，《设备及设计—修建合同条件》的业主将不再承担大部分风险，而将一定风险转移给承包商。因为在该合同条件下，业主只负责编制项目纲要和工程设备性能要求，而由承包商负责大部分的设计工作和全部施工安装工作。

《设计采购施工（EPC）/交钥匙合同条件》是以交钥匙方式提供服务的工程项目。该合同条件适用于私人融资项目，如BOT项目①，项目的最终价格和工期有一定确定性（一揽子固定总价），合同条款中不包括工程量表和其他资料表，由承包商自行估算工作量。业主代表直接管理项目实施过程，采用较宽松的管理方式，但为保证完工项目的质量，严格竣工检验和竣工后检验。项目风险大部分由承包商承担，承包商往往会要求增加相应的风险额外费用，然而业主愿意为此多付出一定的费用。越来越多的中国企业成为海外EPC工程项目的总包商。《设计采购施工（EPC）/交钥匙合同条件》是一种现代新型的建设履行方式。该合同范本同样适用于规模大、复杂程度高、承包商提供设计的建设工程项目。在该合同条件下合同的大部分风险由承包商承担，这是由于作为这些项目（特别是私人投资的商业项目）投资方

① 地下工程太多的工程除外。

的业主在投资前关心的是工程的最终价格和最终工期，以便他们能够准确地预测在该项目上投资的经济可行性。所以，他们希望少承担项目实施过程中的风险，以避免追加费用和延长工期。在该合同条件下，承包商出负责项目的设计和实施外，还需负责提供建设项目前期工作和运营准备工作的综合服务，包括向业主提供前期投资机会研究、发展策划、建设方案及可行性分析和经济评价等等。

## （二）案例分析

内蒙古电力（集团）有限责任公司①参与的蒙古能源保护工程是亚行贷款的国际招投标项目，同时也是集设计、采购、施工、调试为一体的交钥匙工程。该项目将对乌兰巴托市的城市供热系统进行改造。在项目开始招投标后，德国、日本、丹麦、法国、美国及中国的十多家公司都参加了此项目的竞标。经过多轮技术和商务谈判，内蒙古电力集团公司最终作为承包商与作为业主的蒙古能源部签署了项目总承包合同。工程完工后运行良好，受到了蒙古国和亚行的一致好评。

在准备投标阶段，内蒙古电力勘测院对该工程项目的工程量、工程进度和施工方案、投标报价、土建及安装工程基价、分摊费用和总价的计算等方面做了大量的研究和分析。因该项目是亚行贷款的国际招投标项目，在中标价之外亚行贷款额度还有一些余度，因此在主合同谈判阶段，业主与承包商之间对工作范围和报价进行反复磋商和谈判。该项目的主合同是按《设计采购施工（EPC）／交钥匙合同条件》签署的，在国际工程承包中，设计—建造总承包模式由于其自身的节省工期、节省成本方面的

---

① 该项目是内蒙古电力勘测设计院以其上级主管部门——内蒙古电力集团公司的名义参与的项目。内蒙古电力勘测设计院成立于 1958 年，是内蒙古电力（集团）有限责任公司下属的二级单位，是国家大型甲级勘测设计企业。主营业务涵盖电力系统规划、各类新能源发电、火力发电、输变电、节能环保、水土保持、城市供热、岩土工程等工程的勘测设计和总承包业务。

优势和特点，受到各国业主的青睐。但国际上对于"设计—建造"和"交钥匙"并无公认的定义。一般是指设计—建造总承包商对整个项目的质量、安全、工期和造价全面负责，业主代表主要的工作是做好协调和督促并按照合同对工程项目质量、成本和工期等方面的要求做好检查工作。根据该合同模式，设计是施工单位的责任，变更的费用及其结果应当事先达成协议。对合同款项不接受或者不清楚的，除非在招投标阶段提出，在后续阶段进行更改、变更是比较困难的。为了项目更好地实施，内蒙古电力勘测设计院对于其四项分包合同的制定比其主合同订立的更为严格。因在"设计—建造"模式中，承包商承担了大部分责任，因此承包商特别注意了在分包和采购合同条款中风险的转移和分解。

采购合同大部分采用的是即期跟单信用证付款方式。因为信用证和基础合同之间相互独立，从而使信用证的受益人能够确定地收回货款而不用担心因为基础合同的争议导致收不到货款，使得信用证成为国际上广为接受的贸易支付方式之一。在此案例中，承包商将业主信用证的内容全部转移给了供货商，只要供货商提交的单证相符、单单相符就可以立即得到偿付。

在项目招投标阶段，承包商拟让本单位内蒙古电力（集团）有限责任公司承担施工任务，但因工程施工的地下管道和地上管道大都在乌兰巴托市主要街道附近，在施工期间会对市政、交通、环保及一些银行和政府机关的出入带来一定不便，对于中国跨国公司来说，协调施工非常不方便，因此在以书面形式向业主征询确认以招投标的方式选择当地有能力承担施工任务的施工单位后，承包商在当地对施工分包工作进行了招标。经过评标和综合评价，最终选取了四家公司同时对项目的几项工作进行分包。此外，项目实施阶段，承包商和业主之间关于工程索赔还有一番"较量"。该项目合同规定"合同签订后 30 天内业主向承包商支付合同总价 5% 的预付款"，在承包商提交有关发票后 30 天内也没有收到业主的预付款，在承包商以传真方式向对方催要后，业主代表说明是由于亚行和蒙古银行开信用证与承包商方银行的业务关系需要延长时间。但因施工期间遇到暴雨，致使该阶段没有按计划完成，承包商仅向业主报告说明情况，并没有采用国际通用方式要求索赔工期，但在项目即将结束时，业主提出拖期罚款 1 000 美元，承包商在谈判中以业主未正常支付预付款为由提出索赔，最终双方采用友好协商的方式解决了这一问题。

还有一点值得注意的是，在项目实施过程中，由于银行政策的变化，增加了开信用证抵押贷款的额度，从而增加了承包商贷款利息。

# 蒙古国劳务合作法律制度

## 第一节 中蒙劳务合作概况

1955 年 4 月 7 日，中蒙双方签订了《关于中华人民共和国派遣工人参加蒙古人民共和国生产建设的协定》。这是中国经济援助历史上第一次大规模劳务输出的协定，向蒙古国派遣专业人员和技术工人，包括医生、护士、教员，木工、瓦工、厨师、裁缝，以及种菜、养猪、养鸡的农民等，首批共 8 200 人。1960 年9 月，中蒙两国又签订了《关于中华人民共和国派遣工人参加蒙古人民共和国生产建设的协定（二）》，派遣劳动力最多的时候达到 1.2 万人，加上家属将近 3 万人。

蒙古关于劳工的法律制度主要由 1999 年 5 月 14 日颁布的《劳动法》规定。《劳动法》规定了在蒙古就业的基本法律框架，包括职工与雇主分别的权利和义务、劳动的基本条件、劳动合同的要求、解雇的程序、对个人和集体劳动争议的解决和协商等等。此外，政府、相关机构和政府机构也对工作时长、年假、劳动争议解决等问题的细节及实施办法进行了规定。《劳动法》规

定所有在蒙古国境内，从事经营活动的国内外企事业单位与蒙古
国公民之间的劳动关系均由《劳动法》管辖。外国公民在蒙古
开始工作之前应取得相应的签证和劳务许可。

## 第二节　蒙古国劳务合作的法律体系及基本内容

### 一、蒙古国劳动法

《劳动法》于 1999 年 5 月 14 日通过，并于同年 7 月 1 日生
效实施，该部《劳动法》通过后先后经历了 18 次修订，最高法
院还就《劳动法》的部分条款进行过一次解释。为将《劳动法》
协调的关系与蒙古劳动力市场和雇主雇员之间的纠纷的实际情况
挂钩，保护劳动者权利和雇主方的权益，蒙古国政府已于 2015
年 6 月 25 日将《劳动法》的修订案提交至蒙古大呼拉尔讨论。①

　　蒙古《劳动法》主要调整国家、合作社、集体、个体企业、
管理机关与按劳动合同工作的公民间的劳动关系；在与蒙古签订
的国际条约无抵触的情况下，在蒙古境内的合资企业、外国企
业、管理机关与按劳动合同工作的公民间的劳动关系；依据劳动
合同公民间产生的关系。

---

① 有关该法案的内容可通过蒙古政府网站查询：http://www.parliament.mn/files/download/116462

## （一）劳动合同

根据工作性质或工作期限，在蒙古的个人和法人实体可以选择签署：（1）受《劳动法》管辖的劳动合同；（2）受《蒙古国民法》管辖的雇用工作协议或类似协议。《劳动法》特别禁止就"永久性工作职位"订立除雇用协议以外的其他合同。"永久性工作职位"为根据雇主管理层或其代表规定的程序，在雇主指定的工作场所使用雇主提供的劳动设备在工作日期间或轮班履行并按照经批准的规范、评估和系统获取工资的任务或义务。而且，《劳动法》特别规定，在蒙古运营的外商投资企业单位应与雇员订立劳动合同。

根据《劳动法》规定，劳动合同是在雇主方与员工协商的基础上，以书面形式签订的，劳动合同可以是定期的也可以是不定期的。在劳动合同期满之前，双方可协商延长合同期限。如果定期合同期满，但无任何一方要求废止合同或员工仍在继续工作的情况下，可视为延长原合同规定的期限。凡与蒙古国法律和集体合同相抵触的劳动合同条件，一律无效。在没有签订书面劳动合同的情况下，雇主方不得要求职工完成相应工作和任务。

劳动合同双方可以依下列原因终止劳动合同：双方协商一致、员工去世、劳动合同期满但双方未延期、法律规定的授权单位提出要求、被错误开除的员工在确定恢复其原工作时本人提出要求、员工应征服兵役、员工因犯罪被判不能继续做原工作的罪行且判决已正式生效的、员工建议废除劳动合同等等。雇主方因部门被撤销、精简编制或裁减员工，或员工因自身技术、能力或健康状况不能胜任自己所从事的工作需要废除劳动合同时，应在一个月前通知员工并给予员工相当于一个月或者更长时间的平均工资的抚恤金，如果因部门被撤销精简编制而与员工解除劳动协议的，应提前45天通知员工代表并按照《劳动法》进行谈判。

## （二）劳动报酬

根据《劳动法》规定，工资由基本工资、附加工资、补助和奖金构成。员工最低工资的标准由政府规定，目前为 14.04 万图格里克。2013 年员工的月平均工资标准为 19.2 万图格里克，技术岗位月平均工资为 30 万~60 万图格里克，普通岗位日平均工资为 5 000~10 000 图格里克。员工的工资以计件、计时或其他方式发放，并与其劳动成果相符。对从事相同工作的男、女员工应同工同酬。对于需要高精专业、知识、技能和特殊条件的劳动，报酬应相应提高。根据工作岗位细则应给予员工专业等级、劳动条件及其他补助并将其写入集体合同条款中。应向公休节日工作的员工发放平均工资两倍的附加工资，向业余时间和周末加班的员工发放平均工资 1.5 倍以上的附加工资。对夜班工作（22：00~6：00）的员工发放的附加工资由雇主和员工在集体和劳动合同加以协调。员工的工资每月两次或多次按规定的日期发放。如果雇主方根据集体合同做出关于变更全体员工工资支付形式或工资数额的决定时，需要在正式执行前一个月通知，并对劳动合同进行修改。《劳动法》规定的工作时间一昼夜不超过 8 小时，每周五天为工作时间，除从事国防、减灾、公共服务设施供应维护工作的人员，限制企业要求员工加班，企业要求员工连续两天加班不得超过四个小时。

## （三）休假规定

除国家规定的公休节日和周末休息日外，员工每年可以享受年休假。休假期为 21 个工作日。此外，根据员工的工龄和从事劳动强度的不同，还可以享受 3~18 个工作日不等的补充休假。

## （四）争议解决

根据劳动争议的分类，解决劳动争议的方式不同。与劳动纠纷相关的个别劳动争议的调解由所属的劳动争议帮助会、法院解决，而集体劳动争议可通过调解人或劳动仲裁进行调解。根据现行法律规定，与劳动纠纷相关的问题必须经过法院裁决。但是由政府向国家大呼拉尔提交的劳动法草案中规定，为缩短解决劳动争议的时间，与劳动纠纷相关的问题不一定需要经过法院裁决，可由雇主方维权组织和劳动就业者维权组织工会协商解决。

## 二、《蒙古国输出劳动力与引进外国劳动力、专家法》

《蒙古国输出劳动力与引进外国劳动力、专家法》规定，企业单位雇用外国劳务必须按月缴纳岗位费。每月岗位费标准是蒙古国政府规定的最低工资的 2 倍，目前为 28.08 万图格里克。从事矿业开发的企业雇用的外国公民不得高于总员工数量的 10%，如果超过这个比例，则每个工作岗位每月缴纳相当于最低劳动工资 10 倍的费用。外国投资公司的个人股东和 CEO、外交机构、领事代表处和国际机构代表处雇用的外国员工，教育科技领域的外国专家、技术人员，以及根据政府间相关协定工作的专家和工作人员不缴纳岗位费。但根据《投资法》规定，在扶持基础设施、工业、科技、教育建设项目上可以增加引进外国劳务及技术人员数量，并免除岗位费，如 2009 年 4 月蒙古政府会议讨论了对一些国家级大项目引进外国劳动力免除工作岗位费的问题。这些大项目中，德尔根、泰西尔水电站需要引进 140 名专家和技术工人，额尔登特—布尔干—乌尔特公路项目需要 176 名工人，乔伊尔—赛音山达—扎门乌德公路项目需要 1 050 名工人，塔木察格油田勘探需要 3 900 名工人，宗巴音油田勘探开发需要 350 名工人，叶罗站至巴彦格勒铁矿铁路工程需要 200 名工人。此外，参与政府 10 万套住宅项目也将减免部分外国劳务岗位费。

## 三、《蒙古国外国公民法律地位法》

有关外国公民法律地位的法律规定由《宪法》、《蒙古国外国公民法律地位法》及与之相关的其他法律法规构成。[①]《蒙古国外国公民法律地位法》（以下简称为"《外国公民法》"）自 2010 年 7 月 8 日修订，同年 9 月 1 日开始实施，旨在明确外国公民的法律地位，并协调与外国公民入出境、过境以及在蒙古国居留有关的关系。

## （一）适用对象

《外国公民法》适用于从蒙古国领土过境者、临时来蒙、因公或因私在蒙古国居留的外国公民以及外国公民的邀请人。除法律另有规定外，适用于外国公民的《外国公民法》同样适用于无国籍人士，但不适用于外交代表、领事机构以及联合国及其专门机构常驻代表处工作人员的外交特权与豁免权。

根据《外国公民法》的定义和解释，"外国公民"是指不具有蒙古国国籍具有外国国籍的自然人；"邀请人"是指邀请外国公民并为其出具在蒙古国居留所需资金来源担保的蒙古国公民、企业、机构及在蒙古国合法居留 90 天以上的外国公民；"过境者"是指过经蒙古国领土，从一个国家前往另一个国家的外国

---

[①]　如蒙古国签订的国际条约另有规定，则执行国际条约。

公民；"临时来蒙者"是指来蒙古国不超过 90 天的外国公民；"因私居留者"是指因留学、劳务、投资、家庭原因及其他个人事务在蒙古国逗留 90 天以上的外国公民；"因公居留者"是指应国家机关邀请来蒙和来蒙古国工作 90 天以上的外国外交代表、领事机构、政府主管部门、联合国及其专门机构常驻代表处、外国及国际新闻媒体代表处的工作人员及其家属；"无国籍人士"是指无任何国籍的自然人；"移民"是指已获得蒙古国政府部门颁发的移居许可的外国公民和无国籍人士。

## （二）外国公民的法律地位

根据《外国公民法》规定，在蒙古境内外国公民的权利与义务将按照与该外国公民所属国相对等的原则，依据蒙古国法律来确定。

为保障蒙古的独立与国家安全，维护社会治安，除人身基本权利以外，可通过法律对外国公民的权利与自由进行约束。外国公民除受该法律约束外，与蒙古公民享有同等权利、自由并承担义务。

外国公民在蒙古国境内享有下列权利：依据《外国公民法》及其他法律法规，有权进入和在蒙古国居住；经政府批准，可在国家特殊、重要部门工作；申请政治避难；享有法律规定的其他权利。

外国公民在蒙古国境内需要承担以下义务：遵守蒙古国宪法和其他法律法规，尊重蒙古国人民的传统和风俗习惯；依据《外国公民法》中关于外国公民登记的规定，办理登记；缴纳蒙古国法律规定的税款；只可在蒙古国主管部门签发的蒙古国签证及居留许可规定期限内在蒙古国停留。除非蒙古国签订的国际条约另有规定，否则应在规定期限内或按照蒙古国主管部门的要求出境；随身携带本人护照和蒙古国主管部门发放的居留证和法律规定的其他义务。外国公民没有义务在蒙古武装力量和其他军种服役。

依据《外国公民法》，在蒙古国境内禁止外国公民从事下列活动：（1）在享有蒙古国法律法规和国际条约规定之权利和自由的同时，不得从事侵害蒙古国利益、蒙古国公民及其他人权利及合法权益之活动；（2）不得参与蒙古国总统、国家大呼拉尔及地方呼拉尔选举与被选举和全民公投活动；（3）不得在蒙古国境内成立从事政治活动的组织，亦不得从事参与、资助等任何形式的政治活动；（4）不得从事反蒙古国民族团结的宣传，不得宣传、传播和从事有损于民族风俗习惯的非人道宗教流派和各种暴力、淫秽、毒品等活动；（5）不得在未经法律法规和主管部门批准之前开展工作；（6）不得违反蒙古国签证、居留和登记规定。未经有关主管部门同意，不得在蒙古国工作和移居；（7）法律规定的其他活动。

## （三）国家机关及官员的权力

对蒙古国崇尚的精神而受非难的外国公民，蒙古国总统可授予其在蒙古国避难的权力。《外国公民法》规定了蒙古国政府制定蒙古国及其自由区发放签证规定、制定外国公民在蒙古国居留和登记规定、制定驱逐外国公民出境和限制其再次入境期限规定和法律规定的其他权力。

主管法律事务的政府成员对外国公民行使以下权力：（1）确定外国公民在蒙居留证和无国籍人士旅行证的样本，及其持有、保管及使用之规定；（2）制定外国公民的国家督查员道德规范及纪律之规定；（3）制定建立外国公民信息库和信息互换之规定；（4）制定《外国公民法》所指提供担保、担保金额及其返还之规定；（5）法律规定的其他权力。

主管外交事务的政府成员在外国公民事务上可以经与主管法

律事务的政府成员协商，任命和解除蒙古国外交代表的法律随员并享有法律规定的其他权力。

主管外国公民事务的国家行政机关首先行使以下权力：（1）组织落实外国公民法律地位法规、条例、规定；（2）制定与申请领养蒙古国儿童的外国公民进行面谈之规定；（3）制定、废除和实施拒绝外国公民出境之规定；制定邀请外国公民因私来蒙古国之规定；（4）和法律规定的其他权力。

省（区）行政长官有义务每半年将所管辖县（区）内居住的外国公民住址登记信息汇总上报给主管外国公民事务的国家行政机关。县（区）行政长官负责对管辖区内居住的外国公民地址进行登记、出具外国公民居住地证明、与有关部门及官员联合采取措施预防外国公民涉嫌犯罪和违反有关规定。

## （四）邀请外国公民的个人、企业机构所承担的义务

邀请外国公民来蒙停留30天以上的个人、企业机构应当依法在有关部门为外国公民登记，为外国公民出具在蒙古国居住所需的资金来源担保，并在蒙古国签证及居留许可期限内将外国公民送出境。"为外国公民出具在蒙古国居住所需的资金来源担保"所指的担保金种类、形式及其有关申报关系，依据外国公民在蒙古国居留和登记之规定协调。

## （五）签证

除蒙古国签订的国际条约另行规定外，外国公民入境蒙古国之前必须按照有关规定办妥蒙古国签证（以下简称"签证"）。签证只发放给持有有效护照或护照代替证件的外国公民。

签证分为外交、公务和普通签证。按使用用途分类，签证可

分为入境、出入境和过境签证。按入境蒙古国边境的目的，签证种类分为一次、两次和多次签证。外国公民取得签证并不能保证其一定准许进入蒙古国。

1. 外交签证。外交签证发放给持有外交护照的外国公民和持有红皮联合国通行证①的联合国官员及工作人员。外交签证在签证页上用"D"字母作标记。

2. 公务签证。公务签证发放给以下外国公民：（1）持有公务护照且为因公旅行、居留的外国公民和持有蓝皮联合国通行证的联合国及其专门机构官员及工作人员，以及持有普通护照在国际组织工作的外国公民及其家属；（2）持有公务和普通护照的外国公民应本国国家政府、地方自治机构和在国家大呼拉尔拥有席位的政党之邀请访问蒙古的；（3）根据政府间协议、协定来蒙古的持公务和普通护照的外国公民；（4）持有公务和普通护照的外国及国际新闻媒体工作人员。公务签证在签证页上用"A"字母作标记。

3. 普通签证。除外交签证和公务签证外，其他情况一律为外国公民签发普通签证。普通签证在签证页上用"E"字母作标记。

根据外国公民的入境目的签发以下十一种签证："T"类签证发给外国投资者、外资企业及其分支机构、代表处的管理人员；"O"类签证发给通过非政府组织、国际人道组织来蒙的外国公民；"B"类签证发给因工作来蒙的外国公民；"S"类签证发给来蒙留学、进修、实习、科研的外国公民；"J"类签证发给来蒙旅游的外国公民，不分护照种类；"HG"类签证发给根据劳务合同来蒙工作的外国公民，不分护照种类；"SH"类签证发给通过宗教机构来蒙，居留的外国公民，不分护照种类；"TS"类签证发给已取得在蒙古国侨居许可的外国公民；"H"

---

① "联合国通行证"是指根据联合国特权和豁免权公约第 7 条之规定，由联合国向联合国官员及工作人员发放的国际旅行证件。

类签证发给因私在蒙居住者的家人及应私人邀请来蒙外国公民，不分护照种类。

除非蒙古国签订的国际条约另有规定，一次入境签证有效期为90天，发给临时来蒙人员的多次入出境签证的有效期为183天或365天，停留期为30天。因公或因私在蒙居留的外国公民签发多次入出境签证有效期以居留许可有效期为准，其出入境签证有效期自出境之日起最长为180天。除非蒙古国签订的国际条约另有规定，外国公民自入境蒙古国之日起在蒙临时停留最长为90天、过境最长为10天、因公或因私来蒙居留的外国公民停留期也为无限期或截至取得居留许可为止。

4. 外籍员工和技术人员的签证种类。根据《输出劳动力和引进外国劳动力、专家法》规定，在蒙古雇用外籍员工和专业技术人员需要向当地劳动部门提出申请，经主管部门审核后颁发劳务许可。一般劳务许可的有效期为一年，如若需延期，由雇主向有关部门提出申请。《外国公民法》规定了十一种拟进入蒙古的外国公民的签证。其中，有三种是为在蒙古从事商业或工作用的工作签证，分别是 T 类、HG 类和 B 类签证。

（1）T 类签证。根据《外国公民法》的规定，T 类签证发给外国投资者、外资企业及其分支机构、代表处的管理人员。T 类签证的有效期为一年，通常可以延长一年。如果申请文件符合相关机构的要求，对于延期 T 类签证的次数并没有特殊规定。此外，对于每一个外国企业分支机构可申请的 T 类签证数量也没有明确要求，但实际上，通常为 1～2 人。

（2）B 类签证。B 类签证签发给因工作来蒙的外国公民，有效期通常为 30 天到 90 天。B 类签证只可申请一次延期，可延期30 天。

（3）HG 类签证。HG 类签证不分护照种类，签发给根据劳务合同来蒙工作的外国公民。1993 年生效并经 2002 年修订的《外国投资法》规定了外国投资企业应优先录用蒙古国公民。特殊需要的高级专业技术工作人员可从国外录用。但是新的《投资法》并未规定优先录用蒙古公民。

签证可以向外国事务局、蒙古移民局或者蒙古驻外国的使领馆申请。为申请 30 天以下的商务签证，需要提交有效期在蒙古停留时间至少 6 个月的护照、非旅游签证申请表和经蒙古外国事务局批准的蒙古企业签发的邀请。30 天以上 90 天以下的商务签证由蒙古移民局签发。进入蒙古境内的外国公民若在蒙古停留时间超过 30 天，则应在进入蒙古境内 7 天之内到蒙古移民局注册，不论因公或因私在蒙古停留时间不超过 30 天的，不需要蒙古移民局的注册。

蒙古国国内失业率很高，2013 年的数据显示失业率为 7.8%，2014 年为 7.7%，因此蒙古国内法规定企业雇用的持 HG 类签证外籍员工有一定的配额。蒙古政府每年都会公布一个被允许持有 HG 类签证在蒙古公司工作的外籍员工人数与本公司员工之间的比例。不同行业之间的外籍员工比例会稍有不同。然而，根据 2001 年 4 月 12 日生效的《输出劳动力和引进外国劳动力、专家法》的规定，雇用外籍员工的配额在一定条件下可以有例外。在蒙古国内不能获得足够的劳动力完成项目时，企业可在获得政府批准后雇用超过配额的外籍员工。

## （六）入境和过境

除非蒙古国签订的国际条约另有规定，持有效护照或护照替代证件并取得签证的外国公民可依法进入蒙古国。

凡属以下情况的外国公民不准进入蒙古国：（1）未满 16 周岁或无法律行为能力的外国公民无合法监护人、陪伴人者；（2）曾在蒙古国被判刑后出境且刑期未满者；（3）被宣布为蒙古国"不受欢迎的人"者；（4）被国际通缉者；（5）威胁蒙古国国家安全、危害社会秩序者；（6）在蒙古国居住、回国无资金来源者；（7）根据规定被驱逐出境且其限制入境期限未满者。

除非蒙古国签订的国际条约另有规定，持有效护照或护照替代证件并取得相应签证的外国公民，可过境蒙古国领土。搭乘国际航班的外国公民可免签证从蒙古国领土过境。

## （七）外国公民在蒙古国居留

在蒙停留 30 天以上临时来蒙者、因私居留者及应国家机关邀请或在政府间组织任职的外国公民，须自入境之日起 7 个工作日内到主管外国公民事务的国家行政机关办理登记手续。邀请外国公民来蒙的个人、企业、机构有义务负责为被邀请人办理登记手续。若无邀请单位，外国公民须自己办理登记手续。

1. 外国公民登记。在外国驻蒙古国外交代表、领事机构、联合国及其专门机构以及外国和国际新闻媒体常驻蒙代表处任职的外国公民及其家属应在入境后 7 个工作日内到主管外交事务的国家中央行政机关办理登记手续。

2. 外国公民的家庭状况和住址登记。外国公民的家庭状况登记在首都由主管公民登记事务的国家行政机关负责办理，在地方由主管公民登记事务部门负责办理，有关信息每月上报给主管外国公民事务的国家行政机关。因私在蒙居住或应国家机关邀请或在政府间组织任职在蒙居住的外国公民，应在 14 天内到当地县政府办公厅或区行政长官办公室进行住址登记。若外国公民的住址如有变更，应告知原登记部门进行注销，并在 14 天内向迁入地所属县政府办公厅或区行政长官办公室进行住址登记。

3. 居留许可。主管外国公民事务的国家行政机关根据外国公民的申请、有关部门的意见和许可，为外国公民颁发因私在蒙居留许可。居留许可最长期限为 5 年，每次可延期最长期限为 3 年。居留许可颁发给因家庭原因、移民、从事劳动、投资、留学、进修、实习、科研、考察或其他个人目的来蒙古居住的外国公民：

凡属以下情况可拒绝为外国公民颁发因私居留许可或延期并注销其居留许可：①情报、警察部门的意见；②违反有关签证、登记、居留规定 2 次或 2 次以上者；③从事禁止外国公民从事的活动；④对签证及有关主管部门颁发的各类许可、证件进行涂改、伪造或提供虚假证件者。

（1）因家庭原因在蒙古国居留。与蒙古国公民登记结婚的外国公民以及取得因私居留许可的外国公民的配偶、亲生父母、未满 18 周岁子女如提出在蒙古国居留申请，主管外国公民事务的国家行政机关可按因私居留许可的期限颁发居留许可。

为因从事劳动、留学、进修、实习、科研、考察或其他个人目的来蒙的外国公民签发的居留许可期限，以该外国公民亲属的居留许可期限为准。对外国公民因家庭原因在蒙居留已年满 55 周岁或超过 55 周岁者，依据与该公民所属国相对等的原则，主管外国公民事务的国家行政机关可签发永久居留许可。

主管外国公民事务的国家行政机关可对为来蒙而与蒙古公民假结婚或已终止婚姻关系的外国公民拒绝颁发、延期或注销其因家庭原因在蒙的居留许可。

（2）移民蒙古国。主管外国公民事务的国家行政机关依照规定审查申请移居蒙古国的外国公民的申请书及其学历、专业、经济能力，根据蒙古国国内情况，在规定期限内颁发移民居住许可。申请移民的外国公民如已年满 55 周岁或超过 55 周岁，主管外国公民事务的国家行政机关在颁发移民居住许可时，将依法签发永久居留许可。已取得蒙古国移民许可的外国公民，一年内在境外停留期限超过 180 天时，主管外国公民事务的国家行政机关可吊销其移民居住许可。

已获得蒙古国移民居住许可的无国籍人士出境时，主管外国公民事务的国家行政机关为其颁发旅行证。在蒙古国侨居的外国公民总人数不超过蒙古国国籍总人口的 0.5%，其中一个国家公民人数不超过 0.17%。当侨居蒙古国的外国公民人数低于蒙古国国籍总人口 0.4%时，国家大呼拉尔将根据政府报告，根据所属国籍、行政地域范围、居住分布情况将可侨居人数在任期内进行一次确定，若超出 0.4%，则每年确定 1 次。

（3）因劳务、投资、留学、进修、实习、科研等原因在蒙居留。对因投资、劳务、留学、进修、实习、科研等目的来蒙的外国公民，根据主管投资、劳务、教育事务的国家中央行政机关及其颁发许可部门的申请，主管外国公民事务的国家行政机关为其颁发居留许可。外国公民应在居留许可期限到期之前，携带有关部门的申请，向主管外国公民事务的国家行政机关申办居留延期手续。

主管外国公民事务的国家行政机关应在 60 天之内审批因私在蒙居留许可，该许可的延期申请应在 30 天之内审批。

（4）因公在蒙居留。对任职于驻蒙古国外交代表、领事机构、联合国及其专门机构代表处及外国和国际新闻媒体常代表处的外国公民，由主管外交事务的国家中央行政机关负责颁发居留许可和办理延期手续。应国家机关邀请或在政府间组织任职的外国公民的居留许可的颁发、延期等事宜，将根据邀请单位的申请由主管外国公民事务的国家行政机关审批。

4. 向外国公民颁发居留证。由主管外国公民事务的国家行政机关向因私或应国家机关邀请或在政府间组织任职而获得居留许可的外国公民颁发蒙古国居留证。

居留证包括该外国公民的姓名、出生年月日、性别、居留证号码、持证人未满 16 周岁的偕行儿童、国籍、居留许可种类、居留许可序号、发证单位、有效期、延期、身份证号码、违规记录、长住地址及其变更情况和指纹。

外国公民永久离开蒙古国时，应将居留证交回主管外国公民事务的国家行政机关收回。

## （八）出境

1. 出境。外国公民应在指定的停留期限内出境。凡属以下情况将按下列期限暂时禁止外国公民出境：（1）如涉嫌犯罪或被确定为被告者，应根据有关主管部门的决定，截至该案件得以最终解决为止；（2）被法院判刑者，截至服刑期满或被免于服刑或根据与蒙古国签订的国际条约移交给其所属国为止；（3）外国公民被其他公民、企业、机构申请投诉其有侵犯他人自由、人权和合法权益行为，且已由主管部门确认视为有根据者，截至该问题得到解决为止。

2. 通知出境。若外国公民未能取得居留许可，或被吊销原居留许可，或被拒绝延期居留许可时，主管外国公民事务的国家行政机关将通告该外国公民主动离境。外国公民在接到通告后，应有义务在 10 天之内离境。若未按照规定在规定限期内离境者、可能有碍驱逐出境及可能肇事或有违规行为或无护照和护照替代证件或无法确定其身份的外国公民将被居留。根据法院决定可对该外国公民拘留不超过 14 天，必要时可根据主管外国公民事务的国家行政机关的意见，将拘留期限可延长至 30 天。根据国家督查员的决定，对无护照和护照替代证件或无法确定其身份的外国公民可临时拘留不超过 6 个小时。

主管外国公民事务的国家行政机关可要求外国公民本人，或为外国公民出具在蒙古国居住所需的资金来源担保的个人、企业、单位承担拘留期间所产生的费用。

未按规定按时离境或无护照和护照替代证件或无法确定其身份的外国公民可支付一定抵押金免予被拘留。主管外国公民事务的国家行政机关将在 24 小时之内就拘留外国公民情况通报主管外交事务的国家中央行政机关。

3. 驱逐出境。未被追究刑事责任的外国公民，如符合下列条款者将被驱逐出境：（1）被确定使用无效或伪造证件出入蒙古国领土；（2）居留许可期限届满逃避出境；（3）临时来蒙者曾2次或超过2次违反签证及登记规定，并曾受到《外国公民法》处罚；（4）有违反《精神抑制类及麻醉品销售监督法》第13条之规定行为；（5）经卫生部门鉴定，发现《艾滋病及传染性疾病预防法》第11.3款所指的症状或有精神病症状；（6）利用假证件申办签证及居留许可或者涂改、伪造签证及居留许可；（7）未经有关职能部门许可从事劳务以及从事与来蒙目的不符的其他活动；（8）未按法律规定主动离境；（9）警察局证明曾扰乱社会秩序2次或2次以上并受到行政处罚者；（10）有关部门认为有可能从事危害蒙古国国家安全活动和被判刑的外国公民的服刑期届满或被免予服刑以及根据蒙古国签订的国际条约之规定移交其所属国或临时来蒙签证超期者。

主管外国公民事务的国家行政机关领导将依照国家督查员的意见，做出驱逐外国公民出境的决定，同时保留被驱逐出境外国公民的相片和指纹，并将其列入信息库。驱逐出境的决定将由主管外国公民事务的国家行政机关、边防部门及警察部门共同执行。

被驱逐出境的外国公民护照或证件上会被加盖标有禁止入境蒙古国限期的章印。驱逐外国公民出境所产生的费用由当事人自己或邀请者承担。如两方均无支付能力，则由主管外国公民事务的国家行政机关承担。

被驱逐出境的外国公民将被移交其所属国，如无法直接移交给其所属国，可移交给原居住地国或出生地国、进入蒙古国之前最后途经国或签证签发国。

## （九）主管外国公民事务的国家行政机关

主管外国公民事务的国家行政机关是由中央管理部门及其在边境口岸和地方设立的部门组成，在边境口岸设立的部门事由政府确定。

主管外国公民事务的国家行政机关享有组织实施国家对外国公民制定的政策；监督有关外国公民的法律法规执行情况；对蒙古国驻外使（领）馆就有关外国公民事务提供专业和技术性指导；建立和管理外国公民信息库；签发、延期和注销国际组织和外国非政府组织分支机构、代表处的工作许可，并对其在蒙古国开展的工作予以监督和法律规定的其他权力。

根据《外国公民法》规定，主管外国公民事务的国家行政机关对拒签理由无需解释。

# （十）处罚

对违反《外国公民法》，但如未构成刑事犯罪者，给予以下行政处罚：（1）对持过境签证的外国公民无正当原因滞留在蒙古国境内者，处以相当于蒙古国最低劳动报酬 1～3 倍罚款；（2）对外国公民未到有关主管部门申办居留许可或居留许可过期不足 3 个月者（含 3 个月），处以相当于蒙古国最低劳动报酬的 1～3 倍罚款；（3）对外国公民在蒙古国非法居留超过 3 个月者，处以相当于蒙古国最低劳动报酬的 3～5 倍罚款；（4）对造成外国公民居留许可超期，或窝藏无居留许可的外国公民，为其提供住所和工作的邀请者或其他法人，依据《外国公民法》规定，按外国公民人数罚款；（5）对外国公民违反登记规定者，处以相当于蒙古国最低劳动报酬的 1～2 倍罚款；（6）对未按法律规定到相关部门为外国公民办理登记的邀请者，处以相当于蒙古国最低劳动报酬的 5～10 倍罚款；（7）对外国公民未经有关主管部门许可在蒙古从事劳务或劳务许可超期不足 3 个月者（含 3 个月），处以相当于蒙古国最低劳动报酬的 1～3 倍罚款；（8）对外国公民未经有关主管部门许可在蒙古从事劳务或劳务许可过期超过 3 个月以上的外国公民，处以相当于蒙古国最低劳动报酬的 3 ~ 5 倍罚款；（9）对临时来蒙外国公民签证超期不足 3 个月（含 3 个月）者，处以相当于蒙古国最低劳动报酬的 1 ~ 3 倍罚款；（10）对临时来蒙外国公民签证超期超过 3 个月者，处以相当于蒙古国最低劳动报酬的 3 ~ 5 倍罚款；（11）对违反签证期限及规定的邀请者，依据规定按外国公民人数罚款；（12）对外国公民违反持有、保管和使用蒙古国居留证规定者，处以相当于蒙古国最低劳动报酬的 1 ~ 2 倍罚款；（13）对外国公民未随身携带护照、护照替代证件和蒙古国居留证者，处以相当于蒙古国最低劳动报酬 1/3 倍罚款；（14）对外国公民违反住址变更登记规定者，处以相当于蒙古国最低劳动报酬 1/3 倍罚款；（15）对外国公民、邀请人及其他法人伪造、提供、涂改签证以及有关主管部门发放的各类许可、证件者，处以相当于蒙古国最低劳动报酬的 3 ~ 6 倍罚款；（16）对外国公民及其他法人妨碍和反抗实施驱逐出境措施、污辱和侵犯国家公务员名誉者，处以相当于蒙古国最低劳动报酬的 3 ~ 5 倍罚款；（17）对外国公民从事《外国公民法》第 8.1.1 ~ 8.1.5 款所指活动者[①]，处以相当于蒙古国最低劳动报酬的 3 ~ 6 倍罚款。

## 四、社会保险规定

蒙古国关于劳动保障方面的法规并不规范，没有特别规定关于外籍员工的社会保险和医疗保险的法律法规或是政策。但是根据蒙古国《社会保险法》规定，在蒙古国境内工作的劳动者在境内都需缴纳社会保险金。2015 年 1 ~ 11 月，蒙古社保资金总收入为 13 062 亿图格里克，较上年同期增长 8.7%。社保资金总

---

① 《外国公民法》第 8.1.4 条规定："不得从事反蒙古国民族团结的宣传，不得宣传、传播和从事有损于民族风俗习惯的非人道宗教流派和各种暴力、淫秽、毒品等活动。"第 8.1.5 条规定："不得在未经法律法规和主管部门批准之前开展工作。"

支出为 14 172 亿图格里克，较上年同期增长 20.1%。

社会保险税率表

| 保险险种 | 雇主应缴税比例 | 职工应缴税比例 |
|---|---|---|
| 养老保险 | 7% | 7% |
| 互助保险 | 0.5% | 0.5% |
| 医疗保险 | 2% | 2% |
| 工伤事故和职业病保险 | 1% ~ 3% | — |
| 失业保险 | 0.5% | 0.5% |

劳动者或技术人员等雇员应缴纳的社会保险税应为工资收入的 10%，但每月有一个固定上限，即不得超过 14 万图格里克。但是雇主应缴纳的社会保险税并没有额度限制，一般依照其产业性质在 10% ~ 13% 之间浮动。企业在与员工签订就业协议时，必须为职工购买社会保险，并按月支付社会保险费。中国派驻到蒙古的劳动者或技术人员参加的工程项目大多为短期项目，因此工作人员并不能享受到社保的服务，反而会增加企业雇用外籍员工的成本。

# 第三节　与蒙古国进行劳务合作的法律风险与防范

## 一、《劳动法》修正草案

蒙古的《劳动法》先后经历了 18 次修订，且最近蒙古政府也向国家大呼拉尔提交了最新的劳动法草案，如果草案通过，投资者应密切关注《劳动法》的最新动向，尤其是做出较大修改变动的劳动争议解决方面的规定及根据原来的劳动法重新修订的规定。

如草案通过后劳动者年假的基本天数将为 20 天，并且《劳动法》作了职工根据工龄在基本天数的基础上有所浮动，其浮动休假天数执行该企业内部条例的规定；与未成年人就业相关的劳动法规定最低限度为 15 周岁，轻体力劳动最低限度为 13 周岁；怀孕女职工可以休假到孩子 3 周岁，根据现行《劳动法》规定会造成女职工的社会保险中断，因为没有规定抚养孩子的女职工的社会保险由雇主方缴纳，但是在新修订的法律草案中增加了直至孩子 3 周岁期间的社会保险由雇工方负责缴纳的规定。现行《劳动法》第 128.1 条规定"有 25 名或超过 25 名职工以上的企业和组织要安排总职工人数 4% 以上的残疾人或侏儒就业。33 名职工以上的企业和组织要安排占总职工人数 3% 的残疾人或侏儒就业。"在修订案中修改为"不论财产所有制或责任形式如何，有 25 名以上职工的企业组织必须保证有不低于 4% 的残疾人就业的规定。"此外，该次草案还增加了对于居住地距离工作岗位地较远的员工的工作和休假问题的明确规定，以稳定职工队伍，保证职工的健康。草案的第 11 条规定雇主方不得向劳动就业人员收取金钱、贵重物品、公民身份证、毕业证或技术等级证等证件作为抵押物，虽然《民法》中已有所规定，但草案还是对此进行重新规定。

## 二、外籍员工配额限制

因蒙古国对雇用外籍员工有一定的配额限制，且实行劳务许可和缴纳外籍员工岗位费制度。根据《外国公民法》及相关规定，在蒙古境内因私居留的外国公民总人数不得超过蒙古国公民人口总数的 3%，其中同一国国籍人数不得超过 1%。当蒙古国雇用外籍劳工已满时，蒙古国驻中国领事机构就会停止办理赴蒙劳务签证。近年来不少中介结构勾结蒙古境内企业非法雇用中国公民因此遭受损失。若办理商务、旅游签证赴蒙从事劳务活动属违法行为，将会受到该国法律制裁和严厉打击。

2015 年 1 月公布了政府决议"关于 2016 年启用外国劳动力及技术人员配额事"。根据《输出和引进劳动力及技术人员法》第 4.1.4 条和第 7.3 条以及《劳动状况与卫生安全法》第 14 条之规定，蒙古国政府决定如下：

1. 根据 2016 年在蒙古国不同行业职工总人数，特制定各行业雇用外国劳动力及技术人员之比例（见表 5 – 1）。

表 5 – 1　　　　蒙古国各行业雇用外国劳动力及技术人员比例

| 行业 | 行业编号 | 分类编号 | 亚类编号 | 行业种类 | 蒙古工人总数 | | | | |
|---|---|---|---|---|---|---|---|---|---|
| | | | | | 15 ~ 30 | 31 ~ 50 | 51 ~ 100 | 101 ~ 200 | 201 以上 |
| | | | | | 外国劳动力和技术人员比例（%） | | | | |
| B | | | | 矿业开采 | | | | | |
| | 06 | 061 | 0610 | 原油、天然气开采 | 10 | 20 | 60 | 70 | 70 |
| | | | | 原油、天然气勘探 | 10 | 20 | 60 | 70 | 70 |
| | 09 | 099 | 0990 | 矿业开采及辅助工作 | 10 | 10 | 20 | 25 | 25 |
| C | | | | 生产加工 | | | | | |
| | 10 | | | 食品生产 | 5 | 5 | 5 | 5 | 5 |
| | 13 | | | 纺织生产 | 15 | 15 | 15 | 15 | 15 |
| | 20 | | | 化工、化工类产品生产 | 15 | 15 | 15 | 15 | 15 |
| | 23 | | | 非金属矿物产品制造 | 15 | 15 | 15 | 15 | 15 |
| | 24 | | | 金属生产业 | 15 | 15 | 15 | 15 | 15 |
| | 32 | | | 其他加工生产 | 15 | 15 | 15 | 15 | 15 |
| | 33 | | | 汽车设备安装、维护及其他工作 | 10 | 15 | 20 | 25 | 25 |
| D | | | | 电、气、蒸汽、通风供应 | 10 | 10 | 10 | 10 | 10 |

续表

| 行业 | 行业编号 | 分类编号 | 亚类编号 | 行业种类 | 蒙古工人总数 | | | | |
|---|---|---|---|---|---|---|---|---|---|
| | | | | | 15～30 | 31～50 | 51～100 | 101～200 | 201以上 |
| | | | | | 外国劳动力和技术人员比例（%） | | | | |
| E | | | | 水力供应，污水和垃圾清理、净化及污染防治工程 | 10 | 10 | 10 | 10 | 10 |
| F | | | | 建筑业 | | | | | |
| | 41 | 410 | 4100 | 建筑工程 | 10 | 15 | 15 | 20 | 25 |
| | | | | 工业和矿业建筑工程 | 10 | 20 | 25 | 30 | 35 |
| | | 421 | 4210 | 铁路及公路工程建设 | 10 | 20 | 25 | 30 | 45 |
| G | | | | 批发和零售业，汽车、摩托车维修服务 | | | | | |
| | | 45 | | 机动运输工具，摩托车批发和零售、维修、服务 | 10 | 10 | 10 | 10 | 10 |
| H | | | | 运输及仓储 | 25 | 25 | 25 | 25 | 25 |
| I | | | | 酒店、提供办公、住宿和餐饮服务业 | | | | | |
| | | 55 | | 酒店和住宿服务 | 15 | 15 | 15 | 15 | 15 |
| | | 56 | | 餐饮服务 | 10 | 10 | 10 | 10 | 10 |
| M | | | | 科学技能和技术工作 | | | | | |
| | | 72 | | 科研、学术成果，研究工作 | 30 | 30 | 30 | 30 | 30 |
| N | | | | 管理及提供辅助工作 | | | | | |
| | | 791 | | 旅游，旅行社，从事旅游活动 | 10 | 15 | 20 | 20 | 20 |
| P | 85 | | | 教育 | | | | | |
| | | 851，852，854 | | 提供小学、高中及其他学历教育的活动 | 40 | 40 | 40 | 40 | 40 |
| | | 853，8522，8530 | | 提供技术中等专业和高等学历 | 30 | 30 | 30 | 30 | 30 |

续表

| 行业 | 行业编号 | 分类编号 | 亚类编号 | 行业种类 | 蒙古工人总数 | | | | |
|---|---|---|---|---|---|---|---|---|---|
| | | | | | 15～30 | 31～50 | 51～100 | 101～200 | 201以上 |
| | | | | | 外国劳动力和技术人员比例（%） | | | | |
| Q | | | | 人体健康和社会活动 | | | | | |
| | 86 | | | 人体健康工作 | 10 | 10 | 15 | 15 | 15 |
| | 87 | | | 为居民提供福利工作 | 10 | 10 | 15 | 15 | 15 |
| R | | | | 艺术，表演，游戏，娱乐活动 | | | | | |
| | 90 | 900 | 9000 | 作家，艺术，表演，服务 | 10 | 10 | 10 | 10 | 10 |
| | 93 | | | 体育，娱乐，业余活动 | 10 | 10 | 10 | 10 | 10 |
| S | | | | 服务类其他行业 | | | | | |
| | 95 | | | 个人和家庭日用品，电脑维修服务 | 10 | 10 | 15 | 15 | 15 |
| | 96 | 960 | | 其他服务 | 10 | 10 | 15 | 15 | 15 |
| U | | | | 国际组织，常驻代表机构工作 | | | | | |
| | 99 | 990 | 9900 | 国际组织、常驻代表机构 | 40 | 40 | 40 | 40 | 40 |

注：有关本表的注意事项及原文请参见蒙古政府劳动部网站。

2. 此决议中未提及的行业雇用外国劳动力及技术人员为该企业职工总人数的5%。

3. 劳动部部长巴雅尔赛汗（G. Bayarsaikhan）根据本决议附件的比例负责审批企业和组织申请引进50名以下外国劳动力及技术人员之工作许可，超过50名时需提交政府审批。

4. 卫生与体育部部长 G. Shiilegdambad 负责外国劳动力及技术人员体检事宜。

5. 政府官员在签订两国政府间协议及项目招标和执行工程项目协议时，应按照本决议附件规定之雇用外国劳动力及技术人员配额比例执行。

中方投资者在蒙古国投资时，应注意查看当年拟投资行业的外国劳动力及技术人员配额，合理安排赴蒙工作的外籍员工，避免非法雇用外籍员工。中方投资者在雇用外籍员工赴蒙工作时，也要注意对外籍员工进行安全教育及当地的习俗教育，提醒员工注意安全。

## 三、掌握蒙古国税法，增大经营中的主动权

我国赴蒙"走出去"企业应尽量全面掌握蒙古国税法，在遵守所在国法律的前提下，在税收法律框架下应对各种税收问题。通过蒙古国政府网站公布的法规及政策、中国税务机关网站公布的蒙古国税收法规、中国和蒙古国大使馆网站公布的涉税资料、国际大型会计师事务所提供的涉税风险信息等渠道学习蒙古国税法。通过学习，赴蒙"走出去"企业还要对蒙古国投资环境和税收制度（包括投资回收的税收规定、资金汇出监管规定）进行整体性风险评估，并尽量做好涉税政策趋势预判。另外，在纳税申报方面，赴蒙"走出去"企业应严格按照蒙古国规定的方式、时间进行申报，必要时聘请当地税务代理机构进行协助。履行纳税义务之后，要妥善保存涉税资料，做好应对蒙古国税收审计的需要。

## 四、积极争取优惠政策，保障合法权益最大化

2001 年以后，随着经济状况的好转和对蒙矿产开发热，蒙古国取消大部分对外资的优惠政策。中国企业需要积极与蒙古国政府主管财政、地质矿产和自然环境问题的政府机构签署稳定经营合同，以稳定企业所面临的税收环境。蒙古国对投资优先领域的外国企业给予相应的税收优惠，中国企业要积极关注蒙古国的投资优先领域，以争取到税收优惠政策。蒙古国政府及各部门根

据不同的行业发展目标，对原材料进口、税收、劳务配额及岗位费等给予灵活的优惠。中国企业可以积极参与蒙古国政府各部门所扶持的行业的建设，以争取更多的税收优惠。

蒙古国同样实行国际法优于国内法的法律原则。1991 年，我国最早与蒙古国签署了《关于对所得避免双重征税和防止偷漏税的协定》。协定中涉及个人所得税、企业所得税。协定中应引起赴蒙"走出去"企业注意的条款主要集中在以下几个方面。一是中蒙税收协定规定构成常设机构时间为 18 个月；二是依据蒙古国税法非居民及外国企业取得的股息、利息、租金、担保费、特许权使用费、转让财产所得收入统一按 20% 征税。但是，按照中蒙税收协定对于股息、利息及特许权使用费的规定，如果收款人是受益所有人，则税率分别为 5%、10% 及 10%；三是中蒙税收协定并未给出非独立个人劳务收入（如工资、薪金）税率，但征税条件为累计停留超过 183 天。中国居民认为蒙古国未履行税收协定内容，可以向中国国家税务总局申请启动税务相互协商程序，由两国政府协商解决矛盾。其间，中国居民也可以寻求蒙古国法律援助。

## 第四节　蒙古图木尔廷—敖包锌矿项目

## 一、项目介绍

图木尔廷—敖包锌矿[①]位于蒙古苏赫巴托省中部，是中国

---

① 图木尔廷—敖包锌矿是 20 世纪 70 年代发现的一处矽卡岩大型富锌矿床，已探明矿石储量约 760 万吨。

有色矿业集团在蒙古实施资源战略的基地，该项目将中国有色矿业集团①的资金和技术等优势带入蒙古，与蒙古本地的敖包锌矿资源优势相结合，有助于与蒙古当地共同发展，创造共享价值。图木尔廷—敖包锌矿项目由中国有色金属建设股份有限公司②和蒙古 Metalimpex 公司合作开发，被中蒙两国政府誉为"中蒙合作的典范"，是中国企业成功"走出去"的模范。

1998 年，中国有色金属建设股份有限公司与蒙古国 Metalimpex 公司共同投资成立了合资公司——鑫都矿业有限公司（以下简称为"鑫都矿业"），双方各自持有 50% 股份。鑫都矿业的主营业务就是建设和开发图木尔廷—敖包锌矿。中国有色金属建设股份有限公司是图木尔廷—敖包锌矿的投资方和施工总承包商。图木尔廷—敖包锌矿于 2004 年 5 月开始施工，2005 年 8 月 28 日投产。自投产以来，保持着稳步增长的生产势头。公司作为蒙古当地龙头企业，每年向当地政府上缴数千万美金税收，为蒙古国提供了 600 余个就业机会，直接带动了当地的石化、原煤、运输等行业的迅猛发展。除此以外，敖包锌矿每年向当地政府捐助资金用于当地政府的公共设施建设，并与当地政府签订三年合作协议，向蒙古国当地捐建基础设施，扶持教育、医疗和文化等事业的发展，造福当地人民，与社区共享发展成果。

在和蒙古国 Metalimpex 公司进行合作的过程中，中国有色集团与蒙方公司建立了优势互补、互相信任、精诚合作、共创价值的伙伴合作关系。双方各自发挥相关优势，图木尔廷—敖包锌矿

---

① 中国有色矿业集团有限公司是国务院国有资产监督管理委员会直接管理的中央企业和世界 500 强企业，主业为有色金属矿产资源开发、建筑工程、相关贸易及服务。公司自 20 世纪 90 年代末期率先"走出去"，开发国内紧缺的有色金属矿产资源并取得重要成果，在国内外有色金属行业中具有较高的知名度和市场影响力。集团公司所属各级出资企业 261 家，在境内外拥有有色金属资源储量合计近 3 000 万吨，金 421 吨、银 6 781 吨、铝土矿 3 亿吨、铁矿石 3 153 万吨，生产涉及 40 余个有色金品种，投资项目遍布全国 21 个省（市、自治区或行政特区）以及 27 个国家和地区，建筑工程、国际贸易业务辐射 80 多个国家和地区。

② 中国有色金属建设股份有限公司由中国有色集团于 1997 年将优质资产剥离、组建。公司主要从事国际工程承包和有色金属矿产资源开发。中国有色集团为中色股份的控股股东，持有中色股份 33.75% 的股权。

高品位的锌储量和 Metalimpex 公司采矿资格与中色股份人才和技术优势的结合，为双方的合作打下了坚实的基础。

鑫都矿业于 2005 年 8 月 28 日竣工投产，投产后仅 3 个月的时间就完成了试生产，各项生产技术指标达到或超过设计指标，总投资 3.5 亿元。公司投产后取得了良好的经营业绩，给公司股东带来了丰厚的回报，同时对当地社会经济发展发挥了巨大的进作用。从 2006 年起，公司运营所在地苏赫巴托省成为蒙古国第六个不再靠政府财政补贴的省份。截至 2013 年底，公司累计缴纳各种税收超过 1 亿美元。

## 二、公司运营模式分析

鑫都矿业采用董事会负责制，董事长由中蒙双方股东代表轮流担任。董事会形成常态化沟通机制，针对经营管理、投资决策、锌精矿贸易进行及时的沟通和交流，从全局和长远考虑出发，保持公司的稳定性。鑫都矿业为各生产部门、车间、各个生产岗位及各行政管理部门都制定了详细的规章制度、岗位职责和操作规程，确保企业正常运转、长治久安。

鑫都矿业在关注自身发展的同时，积极与政府、企业、学校等利益相关方展开合作，进行优势互补，并实现共同发展、利益共享。此外，公司在蒙古国当地采购爆破材料、燃料、备件等生产所需材料，并且多年保持稳定采购额度，有效地带动了地区经济的发展。

## （一）参与制定国家标准

蒙古当地的矿业基础薄弱，鑫都矿业在发展自身的同时，也注重带动当地矿业产业的发展。蒙古国锌精矿化学分析方法国家标准为 1984 年版，多年未进行更新。鑫都矿业根据蒙古国国家标准局下达的锌精矿化学分析方法国家标准起草任务书，在认真总结多年锌精矿分析检测实践的基础上，完成了系统的条件试验和方法验证，严格按技术要求和编写规范编制了标准初稿。通过蒙古国国家标准局组织的矿山技术委员会和化学技术委员会评审，及国家标准委员会批准，新标准于 2011 年 8 月正式颁布实施。

## （二）重视安全生产

鑫都矿业将安全视为公司平稳运作的重要保障，以高度负责任的态度开展安全工作，坚持"安全控制、安全预防、安全保证"三项机制，有效维护生产现场的安全，构建起安全生产的长效机制。自图木尔廷—敖包锌矿投产以来，未发生安全死亡事故，多次被评为中色股份"安全生产单位"和蒙古国"矿山劳动安全奖"。

2013 年，鑫都矿业在原有应急预案的基础上，增加突发设备事故安全预案。组建了 35 人的专项安全应急救援队，进行了救援装备的更新，明确了应急救援的交通设备和工程车辆。采用属地安全管理的方式，将把安全管理责任范围拓展到公司总经理、副总经理、部门负责人和车间班组三级管理网络。科学、标准、规范的安全管理制度是安全生产的前提。鑫都矿业不断完善安全生产制度，让安全意识深入人心，保障员工、设备和工作场所的安全。鑫都矿业采用岗前安全教育、在岗双周安全教育、专项安全教育相结合的方式，要求员工做到"不伤害自己，不伤害别人，也不被别人伤害"。

新聘员工、临时工、转岗员工在进入工作岗位前，均需接受相关安全教育，以确保工作能够安全顺利地展开。在每天工作开始前，员工要总结前一天的安全情况，安排当天安全工作并强调注意事项。公司针对在岗员工，坚持每月两次的例行安全教育，确保员工牢固树立安全意识。公司还依据年度安排，开展专项安全工作培训，着重提高具体工种的安全操作水平。2013 年，受苏赫巴托省技术监督局委托，还对苏赫巴托省相关单位人员进行了危险化学品使用、处理方面的安全培训。公司对电工、电焊工、钳工、爆破工、司机等特殊工种进行严格的培训，确保所有从业人员持证上岗。2013 年，共 87 人次参加相关培训。

## （三）矿区生态建设

环境保护是在蒙古开展工程项目的公司的一项重要议题，当地公司需要正确认识环境保护与企业的生产经营环境、企业的长治久安的内在联系。

鑫都矿业每年都会投入一定数量的资金保护和改善环境，连续两年在厂区、水源地和西乌尔特市区植树绿化。同时运用先进的技术手段和设备，加强对废气、废渣的处理，减少对环境的影响。

矿石生产过程中，不可避免地会产生锅炉烟道气、选矿废水、矿渣等废弃物。若处理不当，会对环境造成极大的破坏。鑫都矿业严格控制生产工序、保障环保设施的同步运行，确保对三废进行及时和有效的处理。对矿石和矿渣按照严格的程序进行回收；对选矿废水进行重复利用；采用低硫燃煤和旋风式除尘器降尘等措施减少废气的排放，有效减少了废弃物的排放。锅炉烟道气防治采用低硫燃煤和旋风式除尘器降尘等措施，减小二氧化硫和烟尘排入大气。选矿废水部分直接返回高位水池重复利用，部分经尾矿库自然沉降后，返回选矿工艺流程重复利用。尾矿库表土剥离 50 000 立方米，废石堆场复垦植草 40 000 平方米。该公司重视改善区域生态，创造性地采用开采前治理、开采中保护、开采后恢复稳定的思路，复垦绿化矿区。有效地维护了矿区的生态平衡，推动生态文明建设。

公司重视矿区生态修复和环境美化工作，在做好废石场堆复垦与矿区植树造林绿化工作，在建起一座座现代化矿井的同时，也在当地建成了一片片绿洲。水资源对于内陆地区来说弥足珍贵，鑫都矿业在建设和生产过程中，采取多项措施减少用水量、循环利用生产生活用水以及对地下水实现零污染，最大限度地利用和保护水资源。将采选新水消耗量由原来的 1 800 吨/天降低到目前的 900 吨/天；还聘请乌兰巴托的专家对水源地的情况再次进行了评估，消除百姓的疑虑，得到了当地政府和百姓的高度认可，树立了中国企业的良好形象。

## （四）重视保障员工生活

鑫都矿业地处偏远，除通过常规性的安全管理、安全培训、隐患排查以保障生产安全外，公司对员工生活安全给予了重点关注。员工的职业健康、食品安全、交通安全、住地安全、医疗安全都是公司安全管理的重要内容。鑫都对食品的采购、储存和使用都进行严格的把关，杜绝不合格食品和过期变质的食品，并对食品留存样品进行备件，保障员工能够吃到放心合格的食品。为有效减少工作环境对员工带来的健康威胁，在作业环境设立监测点，及时掌握粉沙尘、噪声等指标的变化趋势。同时，按照规定为员工配置相应的劳保用品，降低作业环境对人的影响。

2013 年，公司安全生产投入 450 万元，重大设备事故发生率、轻伤、重伤和死亡事故均为零，真正实现安全生产。

## （五）遵守当地劳工法规，重视员工发展

遵纪守法、依法经营是政府和社会对企业的基本要求，也是企业赢得蒙古政府和社会支持的基本条件。在锌矿建设和生产经

营过程中，鑫都矿业始终坚持遵纪守法、依法经营的原则，努力把敖包锌矿经营成为中蒙合作的典范企业，树立中国企业的良好形象，为企业生产经营创造了良好的外部环境，确保了各项工作的顺利开展。鑫都矿业严格遵守中国和蒙古国劳工的相关法律法规，以及人权和劳工等相关国际公约，坚持平等规范雇用，禁止一切形式的就业歧视，杜绝强迫劳动和雇用童工，努力为每位员工提供平等的就业和发展机会。鑫都与工会协商签订集体合同，主动接受工会监督，维护员工的合法权益。此外，公司每年提供了超过300人的外包岗位。并对外包公司执行严格的监督和管理，确保员工权益得到有效保护。

鑫都的薪酬管理制度和员工绩效管理制度非常健全，同时建立了科学完善的绩效考核体系，坚持责任导向原则，以员工岗位职责作为量化考评的重要标准，将绩效考评结果与薪酬激励、个人职业发展相结合。同时为员工按时足额缴纳社会养老、医疗等各项保险，提供带薪休假和疗养等福利，帮助员工提升生活质量，解除后顾之忧。公司每年定期组织全体中蒙员工进行体检和疗养，考虑到当地环境以及岗位的职业健康条件，为一些特殊岗位上的员工配备了牛奶和维生素等食品，保证特殊岗位员工的身体健康。组织开展多种形式的岗位培训、技能培训和管理培训，努力提高培训质量和效果。公司还聘请蒙古国东方省电力公司、国家技术监督局、科技大学的专业技术人员和老师授课，全年共计完成变电工、起重工、锅炉工、焊工等各工种7个批次100多位员工的培训，并实现员工全部通过考核上岗。

公司尊重蒙古国员工的传统文化和风俗习惯，号召中方员工学习蒙方的语言、礼仪和文化，编辑和拟定《蒙汉小词典》，方便中蒙双方员工之间的沟通。公司还组织和开展了一系列活动，促进中蒙双方员工之间的交流，增进彼此之间的信任与理解，创造和谐包容的文化氛围。

公司关注并尊重蒙古国本土员工的期望，根据公司发展需求，努力为当地创造更多的就业机会，发挥本土员工熟悉当地政治环境、经济环境、自然环境以及传统文化方面的优势，帮助公司更好地融入当地社区。当遇到难题时，无论是管理人员还是普通员工都会共同商讨对策，以互相尊重的真诚心态开展工作，实现公司稳定、和谐发展。敖包锌矿注重培养和选拔一批优秀的本地管理人才，充分发掘本地员工的潜力。目前敖包锌矿的本地员工比例已达到 87%，30% 以上的中层岗位已由本地员工担任，并且有两名蒙方股东进入公司高级管理层，三个部门由蒙方员工担任部门经理，每个单位和部门均设有蒙方副经理，还有更多的蒙方员工担任车间副主任和班组长。公司目前已成为苏赫巴托省就业人数最多的单位，为当地培养了一批通晓技术和管理的人才，建立起了新时代较为成熟的产业工人队伍。

# 蒙古国财税金融法律制度

## 第一节　蒙古国财税金融政策

### 一、税收领域

根据《蒙古国宪法》规定，国家大呼拉尔于 1992 年 11 月 23 日颁布了《蒙古税收基本法》，1993 年 1 月 1 日正式实施。《税收基本法》对税收体系、税收征管制度以及附则做出规定（大多为原则性规定），如税收立法权力机关和征收机构、纳税人的权利和义务、税收管理体系等。蒙古的税收体系包括税、规费和其他行政性收费，由国家大呼拉尔负责依法制定、改变和取消税收。税率由大呼拉尔及其授权的政府、省、首都公民代表会议分别依法确定。国家税收由国家税收和地方税收两部分组成。

## 二、银行领域

## （一）《亚洲基础设施投资银行协定》

为解决"一带一路"建设的资金问题，中国国家主席习近平在 2013 年 10 月 APEC 论坛期间提议成立 1 000 亿美元的亚洲基础设施投资银行，蒙古是较早响应该倡议的亚洲国家之一。2014 年 10 月 24 日蒙古作为 21 个首批创始成员国签署创立亚投行谅解备忘录，2015 年 6 月 29 日蒙古财政部长在北京出席了 57 个国家共同参加的《亚洲基础设施投资银行协定》（以下简称《协定》）签字仪式。2015 年 8 月 18 日，蒙古政府向国家大呼拉尔（议会）正式提交了加入亚洲基础设施投资银行的法律草案。2015 年 12 月 25 日，包括缅甸、新加坡、文莱、澳大利亚、中国、蒙古、奥地利、英国、新西兰、卢森堡、韩国、格鲁吉亚、荷兰、德国、挪威、巴基斯坦、约旦等在内的 17 个意向创始成员国（股份总和占比 50.1%）已批准《协定》并提交批准书，从而达到《协定》规定的生效条件，即至少有 10 个签署方批准且签署方初始认缴股本总额不少于总认缴股本的 50%，亚洲基础设施投资银行正式成立。

根据《协定》规定，亚投行初始资本金为 1 000 亿美元，由各创始成员国认缴，协定将在各创始国议会批准后正式生效。按照协定对各国出资比例的规定，蒙古将出资 4 100 万美元，拥有亚投行 0.3013% 表决权。

## （二）中蒙双边货币互换协议

2011 年，中国人民银行和蒙古中央银行在蒙古首都乌兰巴托签署了两国双边货币互换协议，协议金额为 50 亿元人民币，有效期 3 年。2014 年 8 月，中国人民银行和蒙古中央银行重新签订中蒙双边本币互换协议，协议金额为 150 亿元人民币/4.5 万亿图格里克。双边货币协议的签署，明确了双方商业银行可以相互开立代理账户，以及本币结算的具体程序和条件、跨境现钞调运等问题。通过双方中央银行对边境地贸易支付结算的制度安排，有效提升了边境贸易中的双方本币的结算量，原来普遍存在的通过非正规渠道办理的支付结算正被逐步引导到银行体系中，有助于蒙古国货币图格里克的稳定、增强中国投资者在蒙古的投资信心，大大便利和促进了边境贸易的快速健康发展。

根据蒙古相关法律规定，外国投资者在融资方面与蒙古国当地企业享受同等条件和待遇。但是由于蒙古国金融市场处于起步阶段，银行和证券市场规模不大，资金实力有限，未能完全融入国际金融体系。所以在蒙古投资的外国投资者一般都是带资入蒙，很少在当地融资解决资金问题。目前，中国投资者不能直接用人民币在蒙古开展跨境贸易和投资合作。

## 三、证券领域

尽管蒙古银行部门发展较为成熟，但蒙古证券市场仍处于早期发展阶段，相关监管框架不如其他辖区的完善，对证券市场地法律和体制框架的现代化改革正在进行中。蒙古的证券市场发展可以分为三个阶段：第一阶段为 1991～1993 年，这段期间蒙古成立了第一家也是目前为止唯一的一家证券交易所（该证券交易所 2003 年被改制成为一家股份制公司），并通过向人民发放凭证完成民营化，将国营事业转为股份公司。这段期间只有蒙古国政府可以持有上市公司的大部分的普通股。第二阶段是从 1995 年开始，证券市场可以向非政府股东开放，由非政府股东持有部分公司的控股权。可以说在蒙古，证券公开交易于 1995 年才真正开始，但是集资机会仍然比较有限，证券行业仍深度依赖于传统的债务融资。第三阶段是从 2004 年开始一直到现在，蒙古政府相继出台一些鼓励民众投资证券市场的措施，吸引公众投资。

根据相关统计数据显示，蒙古证券交易所的上市公司数量在逐年下降，1996 年上市登记的公司有 450 家，2014 年，在蒙古国股票交易市场注册企业数量为 237 家，证券交易公司共 62 家市场总价值约 14 426 亿图格里克（约 7.94 亿美元）。其原因在于，20 世纪初期蒙古将 476 家国有企业和集体企业的财产通过证券交易所销售给个人，但其后很多企业都因为管理不当导致破产。截至 2013 年，上市公司中私营企业居多，约有 200 家；国有企业大约有 50 家，2013 年退市的企业多达 79 家。需要注意的是，目前蒙古国证券交易所内所有的上市公司均为蒙古国企业，没有其他国家在蒙古投资的公司在交易所上市。目前，蒙古证券交易所前十大上市公司分别为 APU、TAVAN TOGGOL、BEPHK UUL、SHIVEE OVOO、SHARIIN GOL、BAGANUUR、GOBI、UB BANK 和 SUU。由于蒙古国内证券市场规模较小，许多大型企业选择在国外证券交易市场上市募集资金。

蒙古证券交易所交易的产品只有股票、国债和企业债，但是国债和企业债的交易量不高。2010 年、2011 年和 2012 年蒙古国证券交易所的成交量分别为 629 亿图格里克、1 091 亿图格里克、1 447 亿图格里克。2013 年蒙古国证券交易所的成交量约为 976 亿图格里克（折合成人民币约 3.54 亿元人民币），为同年上海证券交易所成交量的 1/10。蒙古证券交易所上市的公司所属行业较为集中，主要集中在矿产业、加工业、畜牧业、建筑业和服务业（见表 6-1）。因蒙古近年来人口增长迅速，对住房需求更多，建筑业在上市五行业中比重较高。

表 6 - 1　　　　　　　　蒙古证券交易所上市公司所属行业

| 年份 | 2011 | | 2012 | | 2013 | |
|---|---|---|---|---|---|---|
| | 数量 | 占比（%） | 数量 | 占比（%） | 数量 | 占比（%） |
| 1. 矿产业 | 55 | 17 | 55 | 17 | 44 | 17.5 |
| 2. 加工业 | 61 | 18.6 | 61 | 18.6 | 48 | 19.1 |
| 3. 畜牧业 | 67 | 20 | 67 | 20 | 51 | 20.2 |
| 4. 建筑业 | 87 | 26.4 | 87 | 26.4 | 64 | 25.6 |
| 5. 服务业 | 60 | 18.2 | 60 | 18.2 | 44 | 17.6 |
| 总计 | 330 | 100 | 330 | 100 | 251 | 100 |

资料来源：阿茹娜、阿拉坦其其格：《蒙古国证券交易所发展现状研究》。

## 四、担保领域

近年来，蒙古国经济日渐严重依赖采矿业。这一资本密集型行业的发展及其相关基础设施的建设需要发起人能够获取资金。由于蒙古资本市场发展不充分且流动性差，大部分融资均来自传统的债务融资。蒙古国的融资成本相对来说比较高，其利率在两位数以上。此外，借款人必须提供充足的担保，以确保能够偿还金融机构提供的资金。但是，在蒙古国，能提供可靠且可执行担保的资产数量有限。这就使得中小企业更难以通过融资获得资金。这一情况是现有监管体制的缺位造成的。2015 年前，蒙古国担保领域法律体系的弱点是包括缺少清晰的法律体系，且没有针对不动产（如设备、机械以及某些类型的知识产权）以及未上市的蒙古国公司的股份或证券作为担保的登记制度。为了促进蒙古担保法规的现代化，2014 年 9 月 22 日，国家大呼拉尔主席通过了第 147 号命令，批准将在 2014 年议会秋季会议上改革蒙古担保监管体制、促进蒙古担保法规的现代化。该领域的改革拟通过扩大贷款人可以获取作为担保的抵押物的范围的方式改善融资渠道。议会于 2015 年 7 月通过了《不动产质押法修正案》和

《动产和无形财产质押法》。

## 五、保险领域

保险领域的法规由《宪法》、《民法》和与保险相关的其他相关法规（如《蒙古保险法》、《保险中介人法》和《驾驶人保险法》）组成。其中《保险法》于 2004 年通过，并于 2005 年生效。《保险法》旨在指导蒙古境内的保险活动，规范保险公司、公民和法人之间的相互关系，创制保险活动国家审计的规则并建立法律体制。

目前，金融业有 17 家保险公司，即 16 家普通保险公司和 1 家人寿保险公司，蒙古国内目前并没有再保险公司。分公司一共 251 家，其中包括一家寿险公司和 250 家财险公司。

排名前五的几家最大的保险公司囊括了 70% 以上的毛承保保费，主要保险产品有财产险和责任险。[①] 由于蒙古保险公司的规模和资金实力受限，高风险、高价值的保单通常是由国际再保险公司再保险。2013 年蒙古保险业保费收入为 939 亿图格里克，成长率 18.86%。保险业总资产于 2013 年年底达 1 264 亿图格里克，累积准备金规模达 573 亿图格里克。如前文所述[②]，蒙古国金融监管委员会负责除银行以外的其他金融机构的监管，包括保险公司、信用合作社等非银行金融机构。金融监管会员会内的保险部门下设政策规划组、财险组、强制与人寿保险组等三个分组。

在过去的 3～4 年中，保险业设立了许多新参与者——保险专业中介机构。截至 2013 年，蒙古有 20 家保险经纪公司、11

---

① 财产保险保费占据蒙古保险市场的保费 90% 以上，其中车险比重占 34% 左右，是主要险种；其次为财险（28%）、意外险（10%）和责任险（8%）（洪炳辉：Inclusive Insurance 2014 InternationalForum，2015 年 6 月 17 日）。

② 参见第六章第二节第三部分。

家保险理赔公司和约 3 200 家保险代理公司。其中，保险代理人
3 187 人、经纪人 20 人、公证人 14 人、精算师 15 人。

表 6 - 2　　　　　　　　保险机构及从业人员统计

| 年份 | 保险公司数量 | 保险代理人 | 保险经纪人 | 公证人 | 精算师 |
|------|------------|----------|----------|------|------|
| 2009 | 18 | 1 676 | 5 | 2 | 10 |
| 2010 | 17 | 2 061 | 9 | 6 | 12 |
| 2011 | 17 | 2 057 | 8 | 9 | 13 |
| 2012 | 18 | 2 357 | 17 | 9 | 18 |
| 2013 | 17 | 3 187 | 20 | 14 | 15 |

资料来源：洪炳辉：Inclusive Insurance 2014 International Forum Report，2015 年 6
月 17 日。

# 第二节　蒙古国财税金融法律体系及基本内容

## 一、税收领域

蒙古国税收方面的法律主要有《宪法》、《税收基本法》及
由《税收基本法》所制定的其他配套法律和规范及蒙古与其他
国家签订的关于税收制度的双边或多边条约，如 1991 年 8 月中
蒙政府签订的《关于对所得避免双重征税和防止偷漏税的协
定》。1992 年至今，蒙古国大呼拉尔先后制定了《企业所得税
法》、《个人所得税法》、《增值税法》、《消费税法》、《不动产税
法》、《关税法》、《汽油和柴油税法》、《印花税法》和《车船税
法》等法律。为增强与中国税收工作的合作与交流，中蒙两国

税务总局还签订了《中国税务总局与蒙古税务总局合作谅解备忘录》以积极展开各项工作，并根据彼此需求向对方提供现行税收法律、法规及实施细则等文本，同时落实税收协定，保护中蒙投资企业。

根据《税收基本法》规定，蒙古国国税包括企业所得税、关税、增值税、特别税、汽油柴油燃料税、矿产资源使用税等，由国家大呼拉尔、政府确定税率并在全国范围内普遍执行的税收。地税包括个人所得税、枪支税、不动产税、印花税、车船税、养狗税、继承与赠予税等，由省级呼拉尔确定并在省内执行税收。

在组织机构上，中央税收征管机构直属于财政部，地方税收征管机构则直属于地方政府。中央税收征管机构可以对所有主要的征管机构就其征管方式和资格争议方面加以监管。《税收基本法》还规定了税收案件起诉调查组或税务争议委员会可以在中央和省市一级的税务机关就税务案件展开调查，解决纳税人和税收征管机关之间的矛盾和纠纷。

纳税企业、机构需要到税务机关进行税务登记。交税期限根据相应的税法确定，交税期限与上报税务报告的最后期限相同。纳税企业应按法律规定的申报期限、申报内容如实办理纳税申报，报送纳税申报表、财务会计报表以及税务机关根据其他实际需要要求纳税人报送的其他纳税材料。

## （一）企业所得税

蒙古国自 1992 年起征收企业所得税，作为主体税种之一，企业所得税收入占 2013 年全部税收收入的 17%。2006 年税制改革中，企业所得税法同样经历了重要修订，其主要内容是：将两级累进税率从 15% 和 30% 下调至 10% 和 25%；超额累进标准从 1 亿图格里克上调至 30 亿图格里克。累进税率的使用也成为蒙古国企业所得税的最重要特征。蒙古国对非居民采取"注册地"与"实际管理机构地"判定标准。将收入分为应税收入、免税收入、不征税收入三类。蒙古国在企业所得税中亦实施了税基式、税率式、税额式优惠。在企业所得税征收上，蒙古国主管税务机关每季度会向企业所得税纳税人下达纳税计划，并以此征税。

《蒙古国企业所得税》于 2006 年 6 月 29 日颁布，2006 年 7 月 1 日生效，对企业收入所得税的征收和上缴预算进行规定。企业所得税纳税人为在税务年度内已获得课税收入或虽未获得这样收入但有义务按法律规定缴纳税收的企业单位。

1. 企业所得税纳税人。纳税人分为居民企业和非居民企业。所谓居民企业是指按蒙古国法律创办的企业及实际管理机构在蒙古国的外国企业。所谓非居民企业是指通过代表处在蒙古国开展经营活动的外国企业及在蒙古国以其他形式获得收入的外国企业。按蒙古国法律设立的企业及其分支机构、代表机关，领导机关在蒙古国的外国企业及在蒙古国境内或具有蒙古国来源收入的外国企业及其代表机构①都需要按照规定缴纳企业所得税。企业所得税纳税人应先到国家登记局注册登记，在取得执照后 14 内日到主管税务机关进行税务登记。外商投资企业，还要在向国家登记局确认公司名称可用后，向蒙古国外商投资与对外贸易局递交申请材料，并在取得执照 14 日内到主管税机关进行税务登记。

其中，占普通股 20% 或以上，有权分得 20% 或以上红利、利润或者有权委派 20% 或以上企业管理成员或确定与经营有关政策人员为《企业所得税法》规定的纳税相关人。

2. 企业所得税征税范围。纳税人以税务年度在蒙古国境内或具有蒙古国来源从事经营活动获得的经营性收入、财产利得收入和财产转让收入征收所得税。

（1）经营性收入。经营性收入包括：基本或辅助性生产、

---

① 本条款于 2011 年 11 月 25 日修改。

劳务、服务的销售收入；权益销售收入；股票、证券销售收入；金钱游戏、赌博、财产抽奖收入；销售或有偿利用色情刊物、书籍、图片或从事色情表演所获收入；从他人处无偿获得的商品、劳务、服务收入；销售无形资产收入；提供技术、管理、咨询或其他服务所得收入；从未履行合同义务一方获得的利息、违约金（损失、亏损）、损失赔偿所得收入；外汇牌价差额实际收入等。

（2）财产利得收入。根据《企业所得税法》规定，对纳税人资产和不动产租赁所得收入、权益提成所得收入①、股份分红所得收入及利息所得收入征收企业所得税。股份分红所得收入包括从入股企业以现金和非现金形式获得的红利、利润及利息。利息收入包括贷款利息、往来账余额利息、存款利息、担保费、债券凭证（证券）利息等利用现金或以现金作货币流通而给纳税人支付的费用、给予的减免和奖励。

（3）财产转让收入。企业销售动产和不动产所得收入都要缴纳企业所得税。

3. 企业所得税征税税率。年收入额在 30 亿图格里克以下的纳税企业，按 10% 征收企业所得税；年收入额在 30 亿图格里克以上的，其超出部分按 25% 征收企业所得税。分成收入、权益提成收入、利息收入按 10%；金钱游戏、赌博、财产抽奖所获收入，销售或有偿利用情色刊物、书籍、图片或从事色情表演所获收入按 40%；销售不动产按所得收入 2%；转让权利收入按 30% 课以所得税。需要注意的是外国企业代表机构将自己所获利润汇往国外的，按汇出利润的 20% 缴纳企业所得税。不在蒙古国居住的纳税人在蒙古国境内或具有蒙古国来源获得的下列收入按 20% 缴纳企业所得税②：

---

① 权益提成所得包括根据《著作权法》规定，受法律保护作品的使用补偿费；根据专利法规定，利用发明创造、实用新型所付的补偿费；根据商标、产地法规定，使用商标的补偿费；根据技术转让法规定，转让技术的补偿费和有关生产、贸易和科学研究方面的信息使用费等。

② 本条于 2011 年 11 月 25 日修改。

（1）从蒙古国登记注册企业获得的分成收入；

（2）利息和担保费收入[1]；

（3）权益提成、融资租赁利息、管理费、租赁费、有形财产和无形财产使用费收入；

（4）蒙古国境内销售商品、完成劳务、提供服务收入；

（5）具有蒙古国来源的直接或电子形式完成的劳务、服务收入。

4. 企业所得税的计算。根据《企业所得税法》规定，企业所得税法的计算分为全额计征和费用扣除两种方式。其中分成收入、权益提成收入、不动产销售收入、利息收入、权益转让收入、销售或有偿利用色情刊物、书籍、图片或从事色情表演所获收入都应按照收入全额计算应缴纳税款。费用扣除是将收入总额扣除法定税前扣除的费用、折旧及损耗、贷款利息等项目之后的余额为应税所得，按照适用税率计算应缴纳税额。

《企业所得税法》在第 12 条中规定了在所得税中应当核减的部分（见表 6 – 3），融资租赁费和因纳税人的过错行为而承担的处罚、亏损及赔偿给他人的损失费用不得核减。需要注意的是贷款利息、租金和融资租赁利息属于可以核减部分。

表 6 – 3　　　　　　　　　　所得税中应当核减的部分

| 12.1.1 | 原材料、基本或辅助材料、半成品、气、水、电、燃料、配件、罐、包装等所有材料费用支出 |
| --- | --- |
| 12.1.2 | 已缴社会保险和医疗保险基金并课以个人所得税的工资、基本劳动报酬和增加部分 |
| 12.1.3 | 医疗、社会保险基金 |
| 12.1.4 | 给职工发放的奖励、奖金，提供的住宿费用和减免的饮食、燃料费用 |
| 12.1.5 | 固定资产折旧和损耗 |

---

① 本款于 2011 年 11 月 25 日修改。

| 12.1.6 | 流水线维修费用（对于不动产不得超过其剩余价值的 2%，其他财产不得超过剩余价值的 5%，超过此限度的维修费用为大型维修） |
|---|---|
| 12.1.7 | 贷款利息 |
| 12.1.8 | 外汇牌价差额实际亏损 |
| 12.1.9 | 雇用他人完成工作和服务的酬金 |
| 12.1.10 | 租金 |
| 12.1.11 | 融资租赁利息 |
| 12.1.12 | 专业报纸和杂志订购费用 |
| 12.1.13 | 义务或自愿投保费用（本条于 2011 年 10 月 6 日修改，自 2012 年 1 月 1 日起执行）（核减自愿投保费用总和不得超过该企业课税收入的 15%） |
| 12.1.14 | 已上报预算的特别税，不动产税及除固定资产其他进口货物、材料、原料的关税，车船税和使用土地及自然资源补偿费（本条于 2009 年 10 月 30 日修改） |
| 12.1.15 | 从事存贷业务的合作社贷款风险基金和从事其他业务合作社的不可预见亏损基金 |
| 12.1.16 | 银行和非银行金融机构的预防贷款风险储备金（不包括银行和非银行金融部门正常贷款储备库中预留的余额资金） |
| 12.1.17 | 广告宣传费 |
| 12.1.18 | 技术培训中心的学员到工厂实习有关费用（本条于 2009 年 2 月 13 日修改） |
| 12.1.19 | 公务差旅费（应按实际报销凭证计算且不得超过政府工作人员旅差费用的两倍） |
| 12.1.20 | 籽种、化肥、饲料、医疗及植物防护措施所付费用 |
| 12.1.21 | 运输费 |
| 12.1.22 | 低值易耗品费用（本条于 2009 年 2 月 20 日修改） |
| 12.1.23 | 劳保费用 |
| 12.1.24 | 通讯、纸张、清洁、安保费用 |
| 12.1.25 | 根据防灾法第 4.1.10 条规定，为消除已有灾害所支费用（应根据相关部门的结论确定损失程度） |
| 12.1.26 | 货物、材料的自然损耗（由政府制定该损耗的计算办法） |
| 12.1.27 | 根据矿产资源法第 38.1.8、39.1.9 条规定，为恢复环境而积累的货币资金 |

续表

| | |
|---|---|
| 12.1.28 | 为创造技术培训与生产中心和提供实习设备及实习场地而维修所支费用（本条于2009年2月13日修改） |
| 12.1.29 | 教员实习费用（本条于2009年2月13日） |
| 12.1.30 | 为自己培养技术人员向技术培训机构提供的资金扶持（本条于2009年2月13日增加） |
| 12.1.31 | 向技术培训扶持基金赞助的资金（本条于2009年2月13日增加） |
| 12.1.32 | 购买股票及其他有价证券价款，购买该证券时支付的有凭据的手续费（本条于2009年2月20日增加于2013年5月24日修改） |
| 12.1.33 | 工业技术园区为创建基础设施而投入的电力生产、输送线网、上水供应、下水管道、净化设施、公路、铁路、通讯费用（本条于2009年12月24日增加） |
| 12.1.34 | 专门公司及住宅投资公司向有资产担保证券持有人转账的证券费用及利息（本条于2010年4月23日增加，于2011年1月1日起执行） |
| 12.1.35 | 为降低首都空气污染支付的赞助费（本条于2011年2月10日增加） |

5. 折旧、损耗的计算。纳税人利用一年以上的财产应按照上表中第12.1.5条规定给予折旧和计算损耗，并对固定资产按下列使用年限以直接法建立折旧、损耗基金（见表6－4）。

表6－4　　　　　　　国定资产折旧年限表

| 固定资产类别 | 使用期限（年） |
|---|---|
| 建筑设施 | 40 |
| 车辆、机械、机器、设备 | 40 |
| 电脑及其附件、软件 | 3 |
| 使用期限不明的无形资产 | 10 |
| 有使用期限的无形资产（包括矿产资源勘探、开采许可证） | 有效期内 |
| 其他固定资产 | 10 |
| 工业技术园区管理、单位生产、技术园区内的建筑（2009年新加） | 20 |
| 工业技术园区管理、单位生产、技术园区内的生产机器机械和设备（2009年新加） | 3 |

《企业所得税法》中对资产折旧、损耗的计算方式进行了明确规定，如将大型维修费用与原财产剩余价值相加后按使用期限给予折旧和计算损耗；将财产的某一部分投入生产获取课税收入的，则对该部分给予折旧和计算损耗给予核减费用；对矿产开采许可证持有人自己修建工厂或基础设施的固定资产投入费用，以其使用年限每年定额给予核减；对《企业所得税法》规定的矿产资源勘探、开采许可证计算折旧和损耗费用时，应按与该许可证的授予、受让、购买有关支出的服务费和许可证费以及转让费确定；对纳税人自己所有的，应给予折旧或计算损耗而已停止投入使用的财产，按其剩余价值或市场现价就较高者计算售价，视为已出售课以所得税；对融资租赁财产，按租赁合同双方协商的租金以任一方的财务报表为准；对土地、商品、材料资源不予计算折旧和损耗。

表6-5 确定应纳税所得额的其他规定

| | |
|---|---|
| 1 | 注销纳税人入股企业的，按持有股票或入股比例所分财产总额中核减该股票或股份的原购买价确定分成利润所得收入确定课税额 |
| 2 | 已返还核减的银行、非银行金融机构预防贷款风险储备金和合作社贷款风险基金的，对返还额按规定课以所得税 |
| 3 | 对于金钱游戏、赌博、财产抽奖所得收入，以核减原货物或货币价值和有效凭证予以证实的实际费用确定课税收入 |
| 4 | 对经营保险业务的企业，从总收入中核减当年的费用和当年建立的储备基金确定课税收入 |
| 5 | 转让股票和证券的，从其转让价减去原购买价确定课税收入 |
| 6 | 销售动产的，从其销售价减去财产剩余价值确定课税收入 |
| 7 | 不在蒙古国居住的纳税人通过代表机构从事经营活动的，确定其课税收入时蒙古国境外发生的费用与该收入无关的管理及行政费用不在核减范围 |

6. 企业所得税的减免。蒙古国企业所得税法中依照惠农顾残、促进技术引进、推动科研创新、鼓励环保节能的原则设定了

一些优惠政策。其中，比较特殊的有以下几项：

（1）对从业人数超过 25 人的企业，若其 2/3 及以上的员工有视力残疾，该企业所得免税；

（2）销售政府公开目录内支持中小企业生产线建设的国产设备及其备件取得的所得免税；

（3）销售节约资源、降低环境污染技术和设备取得的所得免税；

（4）由蒙古国创新法确认的新设创新企业自在蒙古国登记局登记注册之日起，三年内销售和提供创新性产品、劳务和服务取得的所得免税；

（5）企业销售谷物、土豆、蔬菜、鲜奶、水果、浆果及饲料植物应取得的所得，在计算应纳税额时，可按照该应纳税额的 50% 为限进行所得税抵免，以抵免后余额为最终应纳税额。

7. 其他优惠。

（1）政府债券（证券）利息；

（2）在石油领域与蒙古政府签订有关产品分成合同开展业务活动的，不在蒙古国居住的纳税人，销售属于自己分成产品的收入；

（3）合作社在销售社员产品过程中，从推销差价中获得的收入；

（4）纳税人将已免征的销售产品收入汇往国外时，按规定的税率免征所得税；

（5）2007 年 1 月 1 日之后，对蒙古国重点鼓励项目进行投资的，减征相当于投资额 10% 的所得税；

（6）在蒙古国创办新的重点鼓励项目生产、服务或扩大、改进其生产、服务为目的建立的发展基金投资，给予减税优惠；

（7）对雇用失去 50% 以上劳动能力的残疾人企业，按残疾人所占比例给予减征所得税。

8. 企业所得税纳税申报。企业所得税按月预交、季申报、年汇缴的程序进行申报缴纳。较为特殊的是，《企业所得税法》规定，税务机关将税务年度内的月、季税务指标分摊至纳税人。纳税人于每月 25 日前向主管税务机关预交当月税款指标，于下一年 2 月 10 日前向主管税务机关报送年度税务报表并进行年终结算。即纳税人需要每月按照税务机关下达的《企业所得税月度和季度缴纳预定计划》（规定了纳税人本月需要缴纳的税款金额）预交税款，年终结算实行多退少补。

## （二）增值税

《蒙古国增值税法》于 2006 年 6 月 26 日颁布，2006 年 7 月 1 日生效，规定了有关增值税的征收、上缴国家预算及退税的规定，主要适用于销售进出口产品或销售在蒙古境内加工生产的商品及提供服务和完成劳务的公民和法人[①]。

1. 增值税纳税人。根据 2015 年 7 月 9 日最新修订的《增值税法》规定，在蒙古国境内销售的所有商品；为销售、使用或利用从蒙古国出口外国的所有商品；为销售、使用或利用从国外进口到蒙古国的所有商品；蒙古国境内完成的劳务、提供的服务；未入驻蒙古国的外国法人以及在蒙古国没有居住权的外国人，在蒙古国境内完成劳务、提供服务价值达到 1 000 万或以上图格里克时，都将征收增值税。还有刺激纳税人缴纳税款并符合特定条件时可返还最高达 20% 税款的新规定即将于 2016 年 1 月 1 日颁布实施。

增值税的纳税人分为法定认定和自愿登记两种。其中，在蒙古国境内销售商品或完成劳务、提供服务价值达到 1 000 万或以上图格里克的外国法人代表机构或应税营业额超过 1 000 万图格里克的纳税人，法律规定必须注册登记。应税营业额达到 800 万

① 根据《增值税法》的规定，也适用于在蒙古国境内销售商品和完成劳务、服务收入达到 1 000 万或以上图格里克的外国法人代表机构。

图格里克或者在蒙古投资超过 200 万美元的纳税人也可以自愿登记为增值税纳税人。达到法定登记标准、但未登记的纳税人如果产生增值税应税行为，税务部门要求其补交税款并处以应缴纳税款 50% 以下的罚款并计征欠税利息。自愿登记的纳税人不适用该条款。

2. 增值税的原则。进出口货物及提供劳务和服务或销售行为以行为当时、完成建筑工程项目以最终销售、购买或进口融资租赁物以商定的分段期限支付租金当时的增值税率，对持有稳定证书的纳税人，按稳定证书给予稳定的增值税税率计算。

3. 增值税税率。增值税将按照海关价格与关税法规定的通关价增加关税、特别税和其他税收确定进口商品的计算。除《增值税法》另有规定，进口或生产、销售商品及完成劳务和提供服务的增值税税率为 10%。进口、生产、销售汽油、柴油燃料的，以课税价 0 ~ 10% 计征增值税。[①] 进口、生产、销售汽油、柴油燃料的税率在《增值税法》规定的限度内根据行业特点由政府确定。[②]

为销售从蒙古国境内出口并报关的商品；进出口或过境的国际客、货运输服务、境外提供的服务（包括免税服务）；境外向外国公民或法人提供的服务（包括免税服务）[③]；向国际航运和国内外航班提供的导航、技术、燃料、清洁服务及在飞行阶段向机组人员和旅客提供的餐饮服务；因政府和蒙古银行定购在国内制作的政府勋章和纸币、钱；出口的矿产品成品等出口商品、劳务及服务的增值税税率为零。

4. 增值税的免征。

免征增值税的商品和服务行为见表 6 - 6、表 6 - 7。

---

① 本规定于 2008 年 5 月 22 日、2009 年 1 月 16 日修改。
② 本规定于 2008 年 5 月 22 日、2009 年 1 月 16 日和 2012 年 9 月 11 日修改。
③ 不适用于与蒙古国境内与动产、不动产有关的直接服务。

表 6-6 免征增值税的商品

| 13.1.1 | 海关允许定量免税通过的旅客自身携带个人物品 |
|--------|--------|
| 13.1.2 | 常驻蒙古国的外交机关、使领馆、联合国组织及其分支机构所需进口货物 |
| 13.1.3 | 蒙古国派驻外国的外交机关、使领馆因工作需要或工作人员的个人需要购买的商品、完成的劳务、提供的服务在所在国予以免税的，则该国派驻蒙古国的外交机关、使领馆因工作需要或工作人员的个人需要在蒙古国购买的商品、完成的劳务、提供的服务（不包括每次购买低于一万图格里克商品、劳务和服务）（对外国外交代表机关、领事馆及其工作人员予以免税时，坚持返还所征税款原则） |
| 13.1.4 | 从外国政府、民间组织、国际组织和慈善机构获得的无偿和人道主义援助商品 |
| 13.1.5 | 用于残疾人的专用器具、机械、交通工具（本条于 2007 年 8 月 3 日修改） |
| 13.1.6 | 武装力量、警察、国防、判决执行机关、反贪机关所需进口武器、专用机械设备（不包括购买非专用汽车，本条于 2014 年 1 月 24 日修改） |
| 13.1.7 | 民航飞行器及其配件 |
| 13.1.8 | 用于住宅的房屋及其销售收入（不适用于销售而开发兴建新住宅及其部分） |
| 13.1.9 | 医疗所需血液、血制品、器官 |
| 13.1.10 | 气体燃料及其容器、设备、专用器具、机械、机器、材料、配件 |
| 13.1.11 | 在国外定做的蒙古国货币 |
| 13.1.12 | 销售的黄金 |
| 13.1.13 | 销售的报纸 |
| 13.1.14 | 科学研究试验产品（本条于 2006 年 12 月 28 日增加） |
| 13.1.15 | 除本法第 12.1.7 条，其他矿产品（本条于 2009 年 7 月 21 日增加） |
| 13.1.16 | 银行、非银行金融机构和其他法人为银行、专门公司、住宅投资公司提供有资产担保证券的发行而转移的贷款及融资租赁合同所产生或主张的其他权利（本条于 2010 年 4 月 23 日增加，于 2011 年 1 月 1 日施行） |
| 13.1.17 | 农民在国内种植销售的农产品、土豆、蔬菜、水果和加工的面粉（本条于 2011 年 2 月 2 日增加） |
| 13.1.18 | 蒙古国境内加工储备并国内销售的瘦肉和剔骨肉、未加工的内脏附属品（本条于 2011 年 2 月 2 日增加） |

续表

| 13.1.19 | 以生产方式用国内原料在蒙古国境内加工并国内销售的奶食品及奶制品（本条于2011年2月2日增加） |
|---|---|
| 13.1.20 | 蒙古国境内生产及销售的中小企业生产所需设备及配件（本条于2011年2月9日增加） |
| 13.1.21 | 按科技创新项目在国内外市场上生产新产品所需国内不生产的原料、材料、反应物（本条于2012年5月22日增加） |

表 6－7 免征增值税的服务行为

| 13.6.1 | 外汇兑换服务 |
|---|---|
| 13.6.2 | 收款、转账、担保、追偿、票据及存折有关银行服务 |
| 13.6.3 | 保险、双保险、资产登记服务 |
| 13.6.4 | 发行、转让、接收证券、股票及对其提供担保服务 |
| 13.6.5 | 预付、借贷服务 |
| 13.6.6 | 支付社会医疗保险基金存款利息和转账服务 |
| 13.6.7 | 支付银行及融资租赁利息、分红、贷款担保费、保险合同服务费 |
| 13.6.8 | 整体或部分租赁住宅房屋服务 |
| 13.6.9 | 具有资质的公民和法人从事许可范围内的教学、技术培训服务 |
| 13.6.10 | 健康服务（不包括药品、制剂、医疗器械、机器、设备的生产、销售） |
| 13.6.11 | 宗教机构的服务 |
| 13.6.12 | 政府服务包括中央政府及其直属部门和预算内机构的服务（本条于2009年2月20日修改） |
| 13.6.13 | 汽车运输法所指公交服务 |
| 13.6.14 | 从事旅游业法人与外国旅游公司签订合同接受旅客、宣传、规划、办理相关手续等向外国旅客提供的服务（不包括向旅客提供的景点、餐馆、运输和导游及宾馆服务） |
| 13.7 | 对年收入在1 000万图格里克或以下的，从事生产、劳务、服务企业免征增值税（除从事进口业务） |

《增值税法》第13.11条款规定，工厂内部循环所需，将商品、劳务及服务无偿转移或自用的，不予免税。

5. 增值税的核减。公民、法人登记为增值税纳税人之后，从其应缴预算的增值税中核减下列增值税：为生产、服务所需购置商品、完成劳务、提供服务所支付的增值税[①]；为销售或生产、服务直接进口的商品、劳务、服务所支付的增值税；登记为增值税纳税人时已购买含增值税的商品、劳务、服务的，从总额中核减所含增值税。从事农牧业生产的公民、法人以自备或种植、生产未加工肉、蛋、皮、土豆、蔬菜、水果及国内加工的面粉由生产厂家自销的，视为其价格已含 10% 的增值税从购买方应交增值税中等额予以核减。

进口或购销从事农牧业生产的公民、法人以自备或种植、生产未加工肉、蛋、皮、土豆、蔬菜、水果及国内加工的面粉所指原材料的；购货人追偿单、发票和财务记账等其他凭证中不反映供货方缴纳增值税的不予核减应缴增值税。此外，进口和购买轿车及其配件、零部件；自己或职员所需购买商品、服务；进口或购买《增值税法》特别规定的生产、服务所需商品、劳务及服务的，不予核减所交增值税。

当增值税核减额大于本月应缴额的，税务机关会将核减额度转下一个月、季、年进行结算或者根据法律与应缴国家和地方预算的其他税种合并结算。为生产、服务所需进口和购置商品、劳务及服务的一部分属于应课增值税而大部分属于免税或免税范围内使用的，只以课征增值税的生产、服务范围减免计征。

增值税按月征收，在次月 10 日之前缴纳本月增值税，申报需要在每月 15 日之前提交，申报记录应保存至少 6 年。

---

[①] 该不适用于章程、合同中直接反映购销轿车及其配件、零部件业务并从事该业务的增值税纳税法人。

## 二、银行及外汇领域

蒙古国中央银行即蒙古银行，蒙古中央银行成立于 1991 年，其前身为 1924 年由俄罗斯与蒙古两国共同出资建立的蒙古国贸易与工业银行。其在管理上独立于蒙古国政府，拥有相当的自主管理权，但在行政上仍需坚守议会的监督。蒙古中央银行最主要的目标是确保国家货币图格里克的稳定性，促进国民经济的平衡和可持续发展，维护资金、金融市场和银行体系的稳定。主要任务是制定并执行货币政策，及时调整货币供应，监督商业银行业务经营，组织商业银行间清算，管理国家外汇储备，管理货币发行并制定财政年度货币政策。按照蒙古法律规定，外资银行可以在蒙古国开设全资外资银行，但实际上蒙古国政府并没有批准任何一家全资外资银行。

蒙古国货币为蒙古图格里克。2009 年 7 月 9 日颁布的《本国货币结算法》适用于本币监管，该法规定，蒙古图格里克应用于蒙古境内开展的所有交易，除非中央银行即蒙古银行特别批准。但是，银行和非银行金融机构的金钱存款、贷款、相应服务、金融衍生产品协议以及该等协议下的义务可以以外币进行和实施。就外汇而言，蒙古政府采用了自由体制，蒙古是亚洲对外汇管制最少的国家之一。对外汇出入境未做严格限制；对企业、个人持有外汇没有限制；所有的商业银行经批准均可以在蒙古境内经营外汇买卖，美元、欧元和人民币都可以在境内自由兑换。除与流动性限制相关以外，投资者和企业均不会在从国内外账户兑换外汇和转账时遇到任何法律限制。由于因汇率频繁波动而导致的货币短缺，蒙古的银行偶尔可以就每日兑换或转账金额施加临时限制。否则，根据国际标准，大部分电汇会在一至两个工作日完成。

## （一）贷款

一般情况下，没有在蒙古设立常驻机构或者从事业务的外国贷款人，不需要登记即可向蒙古借款人贷款。但是根据《本国货币结算法》规定，如果贷款人离岸贷款，且在蒙古境外已外币收讫，则借款人必须就已收讫的资金向蒙古中央银行报告。

根据《蒙古非银行金融活动法》和《蒙古许可证法》规定，在蒙古参与非银行金融活动的实体，包括贷款，必须向金融管理委员会申请金融牌照。如果从事银行业务或非银行金融活动而不办理任何金融牌照，根据《许可证法》规定，国家可以没收其非法所得收入，并对个人处以 2 万 ~ 5 万图格里克不等的罚款，对经营实体处以 10 万 ~ 25 万图格里克不等的罚款。同时，根据《金融活动法》，未在金融管理委员会申请金融牌照就在蒙古设立一家非银行金融机构或从事非银行金融活动（包括贷款）的，国家可以没收其违法所得，并处以相当于最低按月工资的 20 ~ 40 倍不等的罚款。根据《蒙古银行法》，国家可以没收其非法所得（包括贷款），并处以最低工资 50 ~ 150 倍不等的罚款。

如蒙古借款人向海外贷款人贷款，则需要就向海外贷款人支付的利息中扣除预扣税。如向非当地一方支付利息，应由借款人在利息中预扣计收 20% 的蒙古所得税。如海外贷款人所在国与蒙古签订了双边避免重复征税协定，则扣除的预扣税根据相关协定予以减少。

## （二）贷款人收取的利息

根据《蒙古国民法通则》规定，协议双方可以自由协商贷款合同的利息金额，然而根据《蒙古关于银行授权法人的存款、贷款与交易法》规定，附加罚息的息率不得超过基本息率的

20%。《民法》也规定，如果所设定的息率不合理，蒙古法院可以可根据借款人的要求降低息率。但是何种息率为"不合理"的，蒙古法规中并无明确指示。

## （三）外汇管理

根据《蒙古国外汇法》，国家大呼拉尔负责管理外汇和批准年度综合计划部分的国家外汇预算。财政部根据国家外汇预算及测算的外汇收入制定出各部门的外汇分配计划。蒙古中央银行是蒙古国外汇管理的主要协调机构，确保分配计划的顺利进行。取得蒙古中央银行授权后，各商业银行可以从事外汇交易。在蒙古注册的外国投资者可以在蒙古银行开立外汇账户，用于出口结算。国家对个人和企业外汇的使用和储存并不限制。

蒙古国实行外汇上缴与外汇留成制度。企业和合作社根据国家出口指标所获得的没有超过指标的外汇收入，一般要全部上缴国家（兑换成相应的图格里克），超过指标的外汇收入可以保留。没有出口指标的企业可以保留其出口收入的50%，合作社可以保留其出口收入的90%。上缴的确切比例由财政部根据以上比例逐项做出具体规定。目前，蒙古不允许将外汇用于与商品贸易无关的非贸易支付方面。

外国投资者可在指定的银行开立外汇账户，出口收入和来自于国外的外汇可以存入外汇账户。蒙古并没有对使用该外汇账户的资金作出任何限制。在蒙古境内投资的外国投资者，在缴纳相应税款后，有权将个人所得、股息红利、出售财产和有价证券所得直接汇到国外，主要包括个人应得的股权收入和股息红利，变卖资产和有价证券、转让财产权、退出企业或企业撤销时个人应得的收入。外商在蒙古国取得外汇的基本途径有：一是携带入蒙（超过一定数额须海关申报）；二是收到外国汇来的外汇。这两项通常无数量限制。三是外国投资企业的出口外汇收入，但这部分外汇只能为上缴（兑换）国家后企业的留成部分。另外，外国游客可按官方外汇价格限量购买外汇。外商获得的出口收入和从国外汇来的外汇可以在指定银行开立外汇账户，存取和使用不受限制。

## 三、证券领域

蒙古在 1994 年制定颁布《证券法》（在建立蒙古证券交易所 3 年之后），该法一共有 26 条，适用于各种证券。2002 年 12 月生效的《证券市场法》颁布之后，1994 年《证券法》随即宣告失效。2013 年 5 月 24 日蒙古国家大呼拉尔批准了经修订的《证券市场法》，该法于 2014 年 1 月 1 日开始生效，因此前一部 2002 年的《证券市场法》随之失效。作为框架条例，《证券市场法》受限于由相关监管机构（金融监管委员会）发布的实施条例。与同 2011 年生效的引进关于公司治理的国际标准的《公司法》一起，经修订的《证券市场法》旨在改善证券监管环境促进证券业的发展，解决缺少可限制蒙古公司集资机会的监管框架的问题，并且引进了国际标准市场规定[1]。就此，金融监管委员会的监控和监管职权得以增强，从而平衡日益增加的市场准入性。与证券市场相关的法规包括《宪法》、《民法》、《公司法》及其他相关法律法规。如果蒙古参加的国际条约与《证券市场法》相冲突，以国际条约的规定为准。

---

[1] 根据《证券市场法》第 4.1.1 条规定，蒙古的证券市场是指为登记、发行和交易证券和衍生金融工具，并提供有关证券和衍生金融工具的所有权转移、存托、清算和结算服务的受管制的市场和场外交易市场。

## （一）管辖范围

《证券市场法》旨在对证券市场参与者的活动进行规制和监控，并保护投资者的利益和权利，并对证券公开发行、交易、证券的登记、结算、清算及证券的保证金及证券市场上其他活动进行规制。此外，《证券市场法》还对有关资产支持证券、基于货物与物品的衍生金融工具的交易与金融市场专业的投资活动提供一般性规定。有关政府、省级或首都的证券交易和发行由《债务管理法》管辖。

根据《证券市场法》规定，以下金融工具由《证券市场法》规定：开放式股份公司的股票、公司债券、投资基金的股票或单位权（unit right）、存托凭证、资产支持证券、股票或债券期权、《证券市场法》规定的衍生金融工具及由金融监管委员会视为证券的其他金融工具。但是有限责任公司的股票、未被批准在市场交易的衍生金融产品、汇票和一般本票（simple promissory notes）、银行出具的存款证明及根据《银行法》第15.2条在货币交易市场由商业银行出具的偿还期不足一年的其他金融产品不受《证券市场法》管辖。需要注意的是，银行出具的存款证明不等于存托凭证。

## （二）证券的发行

证券可以通过公开或私募方式发行。禁止购买公开发行股票的人员由金融监管委员会和相关法律决定。证券可以在蒙古境内也可以在其他司法管辖区交易。在外国证券市场登记的证券发行人可以根据金融监管委员会通过的程序在蒙古境内进行交易。在证券交易所交易的证券只能以记名证券形式（name-bearing securities）发行。如果发行人第一次申请登记其证券前发行过无记名有价证券，该发行人应根据适当的程序将无记名有价证券转换成记名证券。国家、政府或首都市长及公司可以根据《证券市场法》和其他相关法法律、法规及程序发行证券。金融监管委员会应当批准公开发行证券的程序、顺序和操作指令。

## （三）证券的登记和批准公开发行

金融监管委员会负责批准公司公开发行证券及在主要证券市场首次公开发行。如在公开发行之前公司发行过其他私募类型证券，金融监管委员会应登记该类型证券。为获批公开发行许可，应向登记机关提交以下材料：申请表、招股说明书、已支付监管服务费的证明文件及其他金融监管委员会特别规定的文件。金融监管委员会会在收到招股说明书及其他材料后 20 个工作日内作出批准公开发行或不予批准的决定，如确实需要更多的材料、独立机构或专家（如审计师或鉴定人）的评价或报告，可延长 15 个工作日。

申请人应承担额外需要的材料的审计或鉴定等费用。金融监管委员会会根据公司提交的申请材料批准允许公开发行。但是金融证券委员会会拒绝批准公开发行，如果：申请并不符合《证券市场法》及金融监管委员会规定的程序；证券发行人、其申请或提交材料不合要求；在申请中缺少必要信息；申请材料中包括虚假、有误导性、错误或矛盾的信息，或未在规定期限内提供完整的材料；或金融监管委员会认为相关证券与投资者利益相悖。

如果不是国家或省市或首都发行的证券，不得在通过公开发行证券批准或被金融监管委员会拒绝发行之前出具任何公开通知或宣传。发行失败后一年内该证券不得再次申请公开发行。公开发行证券或招股说明书在金融监管委员会或证券交易所登记，或根据《证券市场法》的规定获得在主要证券市场公开发行的批准不能保证该证券的成功发行，登记机关不对该损失承担责任。招股说明书和相关材料应当准确，如果因虚假、错误、不完整、有误导性或相互矛盾的信息造成损失或损害，做决定的证券发行人及其管理人员应对该种损失或损害承担连带责任。

参与准备招股说明书及相关材料的人员应当对其行为产生的任何损失或损害承担连带责任。证券发行人可以在批准公开发行的证券登记部门或证券交易所同时申请登记其证券。证券发行人在证券交易所的登记不会成为公开发行证券或在批准公开发行证券部门的登记的理由。

## （四）证券的公开发行

证券发行人应该独立地或以与规定的机构签订的协议为基础，在主要证券市场上宣传并向至少 50 名投资者发行证券。如果向金融监管委员会提交的招股说明书中规定证券应该以私募方式发行，招股说明书必须在私募范围内向投资者公开。如果公开发行开放式股份公司的股票，发行人应该有一个有资质进行承销的法人实体。当公开发行股票时，发行人应向利害关系人免费提供招股说明书。发行人应对因其违反《证券市场法》而被撤销其公开发行登记所造成的一切损失或损害承担责任。如果发行人向公众出售其证券，参加主要证券市场出售证券的相关的受规制的法人实体或独立专家必须立即通知金融监管委员会，如果其发现任何违反《证券交易法》第 11.5 条的行为。

## （五）在主要证券市场销售证券及相关报告义务

已经登记并获得公开发行许可的证券可以在主要证券市场销售。根据发行人的申请及证券交易所的确认函（确认该证券已经在证券交易所登记并履行所有准备工作），金融监管委员会将出具可以在主要证券市场交易的许可。禁止以抵债或法律法规规定的其他方式转让证券的所有权。在完成相关主要证券市场销售程序之后三个工作日内，发行人应向金融监管委员会提交一份关于在主要证券市场交易的报告（该报告必须包括证券交易所认为其在主要证券市场上的相关交易符合相关程序的意见），如果金融监管委员会认为符合相关要求，金融监管委员会会出具允许在二级证券市场①交易的许可。

需要注意的是，如果在主要证券市场的相关证券在金融监管委员会登记并获得公开发行许可后6个月内没有成功发行，则其登记将被撤销。

## （六）在外国司法管辖领域内发行证券

除非法律另有规定，在蒙古证券交易所上市的公司可以在外国证券交易所登记并基于此类证券或存托凭证的一定比例交易一定数量的证券。在外国司法领域内发行证券之前，因根据《证券市场法》规定向金融监管委员会通知并进行登记。

## （七）外国上市公司在蒙古证券交易所的发行

在外国证券交易所上市的法人实体在获得金融监管委员会批准之后可以在蒙古证券交易所登记并进行交易。除非法律另有规定，金融监管委员会会对外国法人实体在蒙古证券交易所发行证券的程序和规范进行规定。该法人实体应在其提交的在蒙古进行证券交易的招股说明书中列明蒙古法律和其证券原本发行地国家的法律是否有任何冲突，该冲突对有证券持有人可能造成的风险及投资者行使其证券权利的程序。《证券市场法》第18.4条规

---

① 二级证券市场指对已经主要证券市场发行的证券进行交易的市场。

定：由金融监管委员会对这些可能在蒙古发行证券的外国发行人的条件、要求及已批准的外国证券交易所名单进行规定。除非法律另有规定，在蒙古证券市场发行证券的并已在外国上市的外国法人实体不会被视为在蒙古国境内开展商业活动。

## （八）金融监管委员会

蒙古金融监管委员会依据《金融监管委员会组织法》成立于 2006 年 1 月 24 日，主要承担蒙古非银行类金融机构（包括金融公司、保险公司、储蓄信用合作机构等）的审慎监管。[①] 金融监管委员会的董事长（chairman）和监理官（Commissioner）由蒙古国大呼拉尔指派，目前共有六位监理官。根据《证券法》规定，金融监管委员会应具有以下职权：完善证券市场立法的发展建议，保障其合法运行；依法制定有关证券市场监管管理的规章、规则，并依法行使审批或者核准权；对发展证券市场制定国家政策，并向有关部门提交批准；采取必要的措施保障证券市场的公平性、效率性、竞争性和透明性；确定条件和在监管机构发布、更新、暂停应用方面签发的许可证要求，恢复和撤销许可证；可以和其他国家或者地区的证券监督管理机构建立监督管理合作机制，实施跨境监督管理等。

金融监管委员会可以与外国司法管辖区和国际组织合作。

在向外国司法管辖区和国际组织的监管机构提供相应帮助时，金融监管委员会必须考虑与该机构是否签订过谅解备忘录和合同，是否事前接受过类似的司法互助请求或提供该司法帮助是否可行及能否对涉及信息予以保密等因素。向金融监管委员会请求援助时，外国管辖区的各监管机构或国际组织必须说明信息将

---

① 金融监管委员会、蒙古银行和金融稳定委员会（由蒙古银行、财政部和金融监管委员会 2007 年 5 月共同设立）负责蒙古金融领域的稳定性和监管。蒙古银行、蒙古中央银行负责银行监管，金融监管委员会负责所有其他非银行金融机构的监管。

被使用的目的，以及是否将信息保密。金融监管委员会可以向外国管辖区的监管机构或国际组织要求提供进一步的信息，如果外国管辖区的监管机构或国际组织没有提供相应信息，金融监管委员会可以拒绝提供援助。金融监管委员会给出的信息只能用于请求中指定的用途，并且没有金融监管委员会的许可禁止使用这些信息用于任何其他目的或转移或释放到另一个人。

## （九）自治机构

自治机构是在蒙古国证券市场为特定目的在金融监管委员会登记的具有法人资格的实体。该自治机构应该是证券交易所、证券结算机构、证券集中保管机构或专业协会，自治机构会员包括受规范的法律实体和经认证的《证券市场法》规定的专业人士，并以保护其成员的利益的根本目的，建立职业活动和行为规范的通用程序，提高其成员的能力，发展和确保稳定的证券市场。有许可证的受规制的实体应当是在金融监管委员会登记的自治机构。自治机构应具备完善证券市场立法的发展建议，保障其合法运行和举办专业培训和持续专业发展的培训等权利。

自治机构应有义务立即通知监管机构其成员违反法律或机构的章程，及其对该违法行为已采取的措施。如果金融监管委员会如果认为必要，可以在做出与自治机构及其成员利益相关的决定之前听取自治机构或其他独立专家的意见和评估。任何对自治机构章程或规定的修改应向金融监管机构通知和登记，并在登记后生效。金融监管委员会可以全部或部分修改自治体章程违反法律的部分。

自治机构应在规定的期限内向金融监管委员会提交其财务和经营报告，并应当向公众予以公布。金融监管委员会主要审查自治机构的主要金融业务。

## （十）争议解决委员会

金融监管委员会内部有一个争议解决委员会，有权解决监管对象、证券发行人、投资者和客户之间发生的纠纷。争议解决委员会接受和审查有关纠纷投诉并与金融委员会开会作出决定，金融监管委员会可以批准提案提交、修改建议或将议案退回到争议解决委员会重新审查。

## 四、担保领域

担保权益的主要形式是"质押"。2015年7月前，根据蒙古国法律，原则上可以在不动产和动产及知识产权等专属权利设置质押。在几乎所有情况下，签订相关质押协议设置担保权益即完善了质押。但是，不动产质押是一个例外。该等质押需要在相关国家机构进行登记才能完善。在理论上可以对动产和非上市公司的股份等其他资产上设置的担保权益进行登记，但新法出台之前并没有法规规定做此等登记的相关程序。蒙古国司法部与国际金融公司合作，就动产和专属权利以及在动产和专属权利上设置担保权益的登记制定了新的法律，但是，2015年7月蒙古国国家大呼拉尔通过的《不动产质押法修正案》和《动产和无形财产质押法》是否足以提供可靠且可预测的担保机制仍是一个问题。

## （一）可以登记的担保形式

1. 不动产（包括土地）。土地占有权和土地所有权（后者仅授予蒙古国公民）以及建筑物（其所有权独立于土地权）所有权上可以设置担保。对建筑物上的担保权益进行登记即完善了该等担保权益，不进行登记则意味着担保无效并不能针对出质人强制执行。不动产担保的登记体系相对比较完善，并由蒙古国物权登记处进行登记。不过，就建筑物和土地上的担保权益进行的国家登记并不公开。因此，有关查询需要财产所有人配合。根据蒙古法律规定，外国投资企业在蒙古只能取得土地使用权（参见第二章内容），该等土地使用权不得质押。[①]

2. 矿产许可证。根据《蒙古国矿产法》第51条，银行和非银行金融机构可接受矿产和采矿许可证作为担保，但该担保需附加与许可相关的文件，例如：勘探数据和报告、可行性研究及其他相关的可质押资产。这意味着矿产或采矿许可证本身并不是可作为担保的资产。蒙古国矿产资源局负责对此进行登记。

3. 商标。根据《蒙古国商标和地理标志法》，以商标作为担保需要在蒙古国知识产权局进行登记，该登记属于强制登记。在《动产和无形财产质押法》出台后，相关登记机制和申请程序尚处于初级阶段，且蒙古国受认可并有价值的公司商标相对较少，所以，公司仍然不太可能通过将商标担保获得高额资金。

4. 车辆。蒙古国矿业公司拥有的最常见的动产就是车辆，且这些车辆可能具有很大价值。不过，蒙古国车辆登记系统目前似乎不允许对车辆担保进行登记。[②] 为解决这一问题，贷款人通常要求将车辆所有权转移到他们的名下，直到担保义务全部履行完毕。

5. 股份公司的股份。公开上市公司的股份在证券中央托管和结算中心（"SCDCH"）进行登记，并有可能在SCDCH就该等股份的担保进行登记。目前已有相对完善的登记机制，但是，在蒙古国证券交易所的股票流动性低，所以，这一方法并不适合寻

①② 截至2014年7月。

求融资的大多数公司，尤其对贷款人不具有吸引力。

6. 非上市公司的股份。最常见的一种可用作担保的资产是非上市公司的股份。新法出台前，在实践操作中，非上市公司及其股东在国家注册局（LERO）的登记是股东拥有该等公司股份所有权的证明，但是，蒙古国并没有相关法律对此给予确认。相反，《蒙古国公司法》规定，公司保存的股份／股东登记簿可以证明对公司股份的所有权。蒙古国的公司通常不会保存该等登记簿，股东依赖公司章程和国家注册局登记的详细内容。国家注册局不会对非上市公司股份担保进行登记，因此，贷款人别无选择，只能依赖与出质人的合同安排。

7. 债务。根据《民法》规定，蒙古公司可以为借款人的债务作担保，不论借款人是否是在蒙古境内登记成立。但是需要注意的是，《银行法》和《金融服务法》规定，参与担保业务被视为一项银行或非银行金融服务，而在蒙古从事银行或非银行金融服务需要向金融管理委员会申领金融服务牌照，才可以签署有效的保证协议（参见第六章第二节）。

8. 其他资产。目前尚未有对其他种类资产或专属权利进行担保登记的制度。[①] 虽然，从技术上讲，根据蒙古国《民法》规定未来获得的资产可作质押，且对于各种资产也没有禁止使用浮动质押的概念，但并没有与此相关的详细规定，如何设立和执行浮动质押权尚不明确。另外，蒙古国的公司基本不会保存可以证明担保权益存在的质押登记簿。虽然没有登记的相关规定，但是，有借款人就某些高价值动产和商标质押进行登记的成功先例。然而，这些登记事例是个别事件，并且，需要借款人付出巨大努力并利用其关系和影响力。

---

① 截至 2014 年 7 月。

## （二）担保的强制执行

根据蒙古国相关法律规定，除非得到法律许可，不动产的所有质押须经由法院决议强制执行处用公开拍卖的方式予以执行。强制执行处必须根据蒙古法院的执行令状才能行动。法官会根据法院的判决签发相应的执行令状。根据《民事诉讼法》和相关法规的规定，蒙古法院的判决可以通过法院诉讼、正当的有资格的国内外仲裁裁决、与蒙古签订相互执行民事法院判决的国家所签发的法院决议的证明获得。强制执行期通常为一到两年。动产质押和权利质押的执行手续与上述程序相同，但涉及动产或权利的质押协议的双方可以就非强制性处理方式协商，如采用拍卖或出售等方式。

《蒙古国破产法》于 1997 年 11 月 20 日生效，主要规制破产程序的开始和认定、破产商业实体的重组或清算。根据《破产法》规定，当债务人在法律或合同规定的到期日无法偿付金额相当于或高于其股权 10% 的债务时，被视为破产。债权人申请开始自愿破产程序需要表明其认为债务人破产、并请求重组或清算或其他《民法》规定的其他规定。然而，因为诉讼程序已经有所更新，蒙古商法领域的破产程序很少有先例可以参考。蒙古法律和实践承认自然人的破产。

一般而言，破产公司的受担保财产应受民法保护，不受一般债权人的索赔。《民法》规定，抵押权人享有相比于质押人的其他债权人优先赔偿权，可以从任何质押财产中收回资金。《破产法》尚不成熟，不适用于大型商业企业的破产，也提及有抵押权债权人与无抵押债权债权人的区别。《民法》规定，在法人实体清算时，债务人的资产按下列优先次序进行分配：（1）用以消除对他人生命或健康所作任何伤害的必要付款，或其他法院颁令的付款；（2）由托管人或清算委员会或其他类似机构，在其权利义务范围内产生的费用；（3）在债务人破产期间的资产重组过程中进行交割的合同和交易引起的索赔；（4）存款人的货币资产；（5）劳动合同规定的工人工资；及最后（6）根据蒙古法律规定支付给其他索赔人的付款。有抵押债权人的索赔要求可能属于最后一类"其他索赔人"，较其他无抵押债权人享有优先权。但也有可能受担保资产被出售，而所得收益将用于支付上述优先索赔人，剩余的资金才分配给担保债权人。

## 五、保险领域

根据《保险法》和《保险中介人法》规定，保险公司、保险代理人、保险经纪人、保险中介人和理赔师必须取得金融监管委员会的许可。若未提前取得金融监管委员会书面批准，任何个人不得对任何保险业务进行宣传或成立旨在从事保险业务的公司或代表处或分公司。取得金融监管委员会的书面许可之后，在蒙古境外成立的外国保险公司和保险中介机构可以在蒙古成立代表处或分支机构。禁止保险经纪人、保险代理人、保险公司和保险经纪人及其董事交叉持股。

2012年的《外国投资战略意义领域协调法》将矿产资源、银行金融和新闻通讯等3个行业确定为具有战略意义的领域，该法对外国投资进入具有战略意义的领域作出具体规定，如外商投资银行金融领域，外商参股银行金融领域不足5%，则没有要求；外商参股5%～33%，需要通知蒙古政府；若外商参股33%～49%，则需得到政府主管部门审批；若外商参股49%以上，则由政府提交国家大呼拉尔决定。申请必须通过在战略领域开展活动的机构申请，并在蒙古国经济发展部下属外国投资监管登记部门进行登记。自《外国投资战略意义领域协调法》通过以后，对外国投资商设立诸多限制，致使外国投资急剧减少，影响蒙古国国内经济发展。直至2013年蒙古通过新的《投资法》，新《投资法》规定在金融领域开展经营活动的蒙古国法人总股份中，外国国有资产法人占有比例达到33%或以上时则必须获得批准。

根据蒙古国《保险法》规定，保险公司最低资本额为5亿图格里克（约为25万美元），长期保险最低资本额要求达到6亿图格里克（约为30万美元），再保险公司最低资本额要求达到15亿图格里克（约为75万美元）。根据金融监管委员会要求，普通保险公司偿付能力要求比例的公式为：（认可资产－负债/支出）/强制要求资产×100%，如果偿付能力比例低于100%，则该保险公司将被认为无清偿能力。长期保险公司偿付能力要求比例的公式为：认可资产/负债或支出×100%，偿付能力比例应大于或等于125%，如在100%~125%之间，则该保险公司将被视为有破产可能，若该比例低于100%，则该保险公司将被视为破产。而偿付能力额度的计算方式为认可资产－负债/支出，偿付能力额度应该大于或等于最低偿付能力要求①。若保险公司为集团公司成员，金融监管委员可以要求其提交集团公司内其他任何成员的财务报表和合并分类账户。对于投保人来说，保险公司需要有旨在保护投保人的法定公积金（包括长期基金、保险储备金和再保险人保障基金）。保险公司业务只能在得到金融监管委员会事前书面许可后方可转移或合并。金融监管委员会可以调查该次转移的有利条件，保险公司在取得批准之前需要提供相关文件和信息。

蒙古国金融监管委员会负责监管保险公司，并与未获得金融监管委员会许可的保险公司签订保险合同，未获得金融监管委员会许可的保险公司包括外资保险公司。目前，保险公司最低监管股本为27.5亿图格里克（约137.5万美元），预计2017年会增

---

① 最低偿付能力要求为储备金的保险精算比例（actuarial percentage of the reserve fund）＋保险政策的风险评估比（valuation percentage of risk of insurance policies）。

至50亿图格里克（约合250万美元）。尽管蒙古的保险市场正快速增长，但在保险渗透率方面（保险收入仅占国民生产总值的0.5%），其保险市场还处于发展早期阶段。在过去五年中，资产总值翻了三倍多，而总保费收入仅翻了一番。

根据《保险法》规定，保险公司不得进行股票投资，但2012年蒙古国家大呼拉尔对《保险法》进行修订，放宽了保险公司进行股票投资的限制。如投资股票总额不得超过保险公司总资产的10%，对某一家公司进行投资的额度不得超过保险公司资产的5%，同时不得对被投资公司控股超过10%。

虽然蒙古并未禁止外商投资保险领域，但蒙古国内并未设立外商保险公司或外商保险公司分公司，外商保险公司的业务主要有经纪人公司承接。如外国投资者拟在蒙古设立保险公司或分支机构，则应遵守蒙古《公司法》、《投资法》和《保险法》等相关法规，并符合相应的最低资本金要求、偿付能力要求和《劳动法》等相关法规规定的雇用外国人员要求。

## 第三节　蒙古国财税金融法律风险与防范

### 一、税收领域

如果交税期限最后一日为周末或者公共假期，纳税企业应在此休息日前的工作日完成报税和缴税。纳税企业和机构应当及时上交在规定期限内未及时缴纳的税款及应补交的税款、利息和罚款。根据《税收基本法》，纳税人违反税收法律，尚不足处以刑事处罚的，处以与隐瞒或者有意虚报的纳税收入相同数额的罚款；隐瞒或者有意虚报收入之外的其他纳税项目的，除补交应缴税款外还会被处以与补交税款相同税额的罚款；非有意错报纳税项目数额的，补交应交税款，迟交期间，每天按 1% 缴纳利息，利息总额不超过应缴税款的 50%。根据《蒙古国刑法典》第 166 条规定，逃税罪会被处以最高工资额 200 倍以上 250 倍以下的罚金，或 3 个月以上 6 个月以下监禁，或并处没收财产处以 3 年以下徒刑。

纳税企业应根据法律规定及时报税，若有多缴或法律有特别规定时纳税企业也可按规定向税务政府机关申请返还。

## 二、银行领域

通货膨胀是威胁蒙古宏观经济稳定的固有问题。受货币贬值、消费需求高涨和政府提高电价等因素的影响，2013 年蒙古的通过膨胀率达到 9.7%。2014 年蒙古因货币贬值和政策刺激，通货膨胀极为严重，7 月通货膨胀率达到最高点 15%，尽管已有所缓解，但仍然保持着 7% 的通货膨胀率。为走出经济危机的影响，2013 年 4 月和 6 月蒙古中央银行两次下调政策利率，以维持 GDP 的高速增长。但是随着强劲的国内需求和私人信贷增长，通货膨胀水平不断上升。为平抑物价，蒙古中央银行可能在未来会上调政策利率，收紧货币政策。世界经济论坛《2014～2015 年全球竞争力报告》显示，蒙古国在全球最具竞争力的 144 个国家中，排名第 98 位。根据该报告，影响蒙古国商业活动的负面因素主要包括外汇管制、缺乏专业人才、通货膨胀、政策不稳定、融资条件差等。

蒙古在经济改制前，所有金融业务均由国家控制。当时有关银行成立细则、银行运作及管理等相关法规并不成熟，致使 1996 年至 1999 年期间蒙古国爆发了严重的银行危机，多家银行破产倒闭。但是近年来蒙古政府加强了对银行的监督工作，同时继续遵循银行私有化政策，减少政府对银行业的干涉。2010年1月28日颁布的《银行业务法》（经修订）对在蒙古开展银行业务活动和提供银行相关服务的整体监管框架做出了规定。2008年以前，蒙古商业银行共有16家，通过分布在全国550家分支机构进行服务。但因全球经济危机，蒙古国银行也遭遇重大危机。五大商业银行中的Anod Bank和Zoos Bank因经营不善先后被蒙古中央银行接管。2009年11月，蒙古国家银行（State Bank of Mongolia）成立，蒙古国家银行是蒙古中央银行重组Zoos Bank后以其优质资产为主体成立的为财政部所有的国家银行。同年10月，蒙古国两家商业银行：邮政银行和蒙古储蓄银行①宣布合并为新的银行——储蓄银行。目前，蒙古境内共有13家商业银行，主要包括贸易开发银行、可汗银行、蒙古邮政银行、农业银行、储蓄银行、国家投资银行等。2011年蒙古正式成立百分之百的国有银行——蒙古开发银行（Development Bank of Mongolia），主要负责国家将要实施的重大基础设施建设、工业发展、能源建设和道路交通发展项目的融资和政策性贷款支持。

　　总体来讲，爆发全球经济危机之前，蒙古中央银行监管能力不足，银行体系比较脆弱，商业银行的规模较小，资金实力有限，还未完全融入国际金融体系。但危机爆发后，在国际货币基金组织贷款支持和世界银行技术援助下，蒙古对银行业进行战略重组，增强了商业银行的实力，银行体系相对稳定。

　　2015年4月，国际货币基金组织公布了蒙古金融体系稳定性评估报告，认为近两年来因中央银行大规模的刺激计划，蒙古银行的资产负债表已经翻了一倍，其中外汇贷款比重较大，占据银行贷款的四分之一。银行体系在很大程度上仍然存在着风险，宽松的贷款标准导致信贷风险显著上升。2014年不良贷款率和

---

　　① 蒙古储蓄银行成立于1996年，成立初期主要从事居民储蓄、退休金和养老金发放、收取使用者住房使用费等业务。

少于90天的逾期贷款率已经分别增长了48%和131%。尽管不良贷款率一直保持在3.1%，鉴于某些银行对贷款重组的不适当分级，银行似乎也低估了资产质量问题。不良贷款率较高的主要原因是一部分中小企业或个人资金流动性紧张，无力支付银行利息；且蒙古国宏观经济形势较为严峻，采矿业和制造业经营效益的持续下降导致不良贷款大幅上升。此外，房地产市场正在降温，信贷风险将被进一步提升。国际货币基金组织的压力测试表明，蒙古某些银行很容易受到经济冲击，为应对正在恶化的资产负债表和未来可能恶化的风险环境，蒙古银行业应会采取加强资本缓冲的措施。

## 三、担保领域

在几乎所有案例中，签署相关质押协议并在合理情况下登记担保权益的方式可以创设并确保担保权益。如上文所述，蒙古国国内法规对资产设置担保权益进行登记缺乏成熟的制度，有限责任公司的股份、动产、应收账款及公司其他一般财产的质押也是如此。这种可公开查询的且成熟的登记制度的缺位，使得贷款人在蒙古国提供贷款时面对相关风险难以"放心"提供资金。在获得相关质押协议项下的保证和约定利益后，除了依赖出质人遵守其合同义务外，贷款人没有得到任何保证。登记制度的缺位同样使得法庭和律师难以（在列明很多限制条件的情况下）认定担保权益的顺位，原因是其无法确定是否存有在先质押。然而新法的出台能否改善蒙古担保领域的现状仍未可知。总之，如果一家公司没有有价值的不动产，则其向国际银行筹集资金的能力是有限的，而从这些国际银行获得资金的费用要远远低于从蒙古国的银行获得资金的费用。

## 第四节　香港南戈壁资源有限公司蒙古附属公司（SGS）及其三名前雇员涉嫌逃税案

香港南戈壁资源有限公司（以下简称为"南戈壁"）是一家综合煤炭开采、开发和勘探公司，在蒙古国境内最接近中国边境的位置拥有战略性煤炭资源储备，专注于蒙古南戈壁区勘探及开发二叠纪焦煤煤田和动力煤矿藏，以向亚洲市场供应各种煤产品。蒙古成为 2011 年中国最大的炼焦煤供货商。自 2012 年 5 月以来，香港南戈壁资源有限公司蒙古附属公司（SGS）及其前雇员 Justin Kapla，Hilarion Cajucom Jr. 及 Cristobal David 就因被指控违反蒙古税法及涉嫌洗黑钱接受调查。根据蒙古相关法规，SGS 向有关部门提交了根据国际财务报告准则编制的财务报表及其他所有法规规定的报税表及大量内部资料以供审阅。自 2012 年 10 月起，该三名前任员工根据《外国公民法律地位法》被禁止离开蒙古境内。

调查前期，国家调查局委派的专家组指控该三名前任雇员涉嫌洗黑钱和违反蒙古相关税法。但是专家组在 2013 年 6 月 30 日及 2014 年 1 月分别发出报告，撤销其洗黑钱的指控，乌兰巴托首都检察官于 2014 年 12 月 30 日驳回该三名员工涉嫌洗黑钱的指控。但是蒙古调查机构于 2014 年 11 月 10 日颁布一项决议案，颁令重新调查涉嫌违反蒙古税收法律，并将案件移交给第二刑事法院。

国家调查局的专家报告有一项指控称，SGS 虚增应付账款结余以缩减其应纳税收入。该项指控金额占专家建议的逃税罚金总额 70%（353 亿图格里克中的 243 亿图格里克）。但 SGS 称应付账款结余该笔增加金额几乎只与其母公司南戈壁资源有限公司以美元向 SGS 作出的投资 9 689 亿图格里克①因兑换为图格里克而产生的未动用外汇亏损②相关。根据蒙古税收法律，未动用外汇亏损不得用作削减应纳税收入。SGS 在税务报表内如实遵守该项规定，未在税务申报文件中以未动用外汇亏损削减其应纳税收入。SGS 在调查期间也根据财政部责令编制单独的法定财务报表。但是根据国际财务报告准则，SGS 需要以未动用外汇亏损削减其收入。SGS 认为专家将税务会计准则与国际财务报告准则混为一谈。

此外，专家报告中指出南戈壁应就被指控"以免费转让其他方"的货品支付增值税。该等货品为"在矿区由 SGS 拥有并毁于火灾事故的移动设备、在矿区悉数折旧并仍然持有的固定资产、在矿区使用期超过开采要求并仍然持有的设备及 SGS 向当地社区支付的现金捐赠（包括用于建设一所幼儿园的捐赠）。"SGS 辩称根据蒙古增值税法，禁止以这些项目（包括捐赠）支付增值税。

2015 年 1 月 30 日，第二刑事法院指派的法官团判定南戈壁的三名前任雇员逃税罪名成立，判处在蒙古劳教所收监服刑 5 年零 6 个月至 5 年零 10 个月。尽管 SGS 并非刑事诉讼的一方，但法院裁定其为"民事被告"，须缴纳罚金 353 亿蒙古图格里克③（"税项处罚"）。由于第二地区刑事法院驳回 SGS 的上诉申请，SGS 遂于 2015 年 4 月 22 日就蒙古第十刑事案件上诉法院维持税务判决（"税务判决"）向最高法院提出上诉。SGS 获悉，最高法院拒绝就税务案件展开上诉聆讯④，因此税务判决宣告生效。

---

① 2014 年 8 月 26 日约为 6.939 亿美元。

② 外汇亏损时因调查期间蒙古图格里克兑换成美元出现贬值产生。

③ 2015 年 6 月 30 日约 1 800 万美元。

④ 蒙古最高法院认为，虽然《蒙古刑事诉讼法》第 342 条规定"被告、获裁定无罪人士、受害人及其各自的辩护律师有权向最高法院提出申诉。"但第 342 条未有具体提及民事被告，因而在本质上否认 SGS 作为民事被告有权向最高法院提出上诉。

　　南戈壁已评估其他可行司法途径继续为自身抗辩，但基于南戈壁财务资源有限及蒙古理想的外商投资环境，南戈壁已着手与蒙古当局进行磋商，希望以恰当方式和平解决税务判决背后纠纷。尽管如此，不能保证南戈壁将可达成任何和解协议或可按有利条款达成和解协议，也不保证蒙古政府接纳的和解条款不会对南戈壁造成重大不利影响。

# 蒙古国知识产权法律制度

对于外国投资者来说，其投资在蒙古境内使用的本公司的知识产权保护尤为重要。蒙古与知识产权相关的法律主要有《专利法》、《商标及地理标志法》、《技术转让法》及《版权与邻接权法》等，此外蒙古还与中国签订了《中华人民共和国政府与蒙古国政府知识产权合作协议》。

## 第一节　商标法及地理标志法

### 一、商标

《商标及地理标志法》第3条规定，商标种类包括集体商标、证明商标、驰名商标。蒙古国的集体商标与证明商标的注册直接规定在《商标及地理标志法》第12条和第13条中。《商标及地理标志法》第6条规定，可申请注册商标的主体有公民和法人。虽然蒙古国商标法对商标权的共有没有明确规定，但这不等于没有商标权的共有，应该参考蒙古国民法典中的共有制度来认定。

蒙古国商标注册申请的受理机构是知识产权局，申请注册商标的公民、法人向知识产权局以蒙古文进行申报。商标需要具有识别功能。蒙古商标注册的主要程序包括：商标申请——形式审查——确定申请日——实质审查——登记颁发证书。蒙古国的实质审查内容不包括显著性审查。商标注册从申请日起 10 年内有效，可以根据商标持有人在该注册有效的最后 1 年内向知识产权机关提出的有效期续展申请，每次以 10 年续展有效期。蒙古国商标法规定了申请在先原则，但是同在蒙古国获得注册或者申请注册的用于同一类商品、服务的商标相同或者近似的可能误导消费者的；与他人著作权、工业产权相冲突的不予注册下列商标。

## 二、驰名商标

驰名商标是指在蒙古国领土内被公众所知晓的商标。无论商品、服务的种类和注册与否，因与驰名商标相同或者相近而足以误导消费者、获得不正当优越权利、获利、造成损失、侮辱商誉的，不予注册。

## 三、商标所有权的转让

商标所有权应当在订立合同的基础上转让，这个合同应当以书面形式制作，并经双方签字确认。商标所有权转让合同应当在知识产权机关进行登记，经登记后视为权利转移。

## 四、注册商标的使用许可

其他人可以与所有人订立合同，将商标使用于商标、服务。该合同经知识产权机关登记后生效。

## 五、注册商标争议的裁定

利害关系人认为商标注册违反相关规定的，可以向法院提出撤销该商标的申请。法院认为必要时可做出撤销商标的判决，并将其通知知识产权机关。

# 第二节 《专利法》

根据《专利法》第 3 条规定，专利包括发明、外观设计和实用新型。蒙古国知识产权局负责全国的专利事务，出版专利公报，受理国内外的专利申请，并在审查后授予专利权。发明、外观设计、实用新型的申请，应当由其创作人及被授予权利的个人、法人向知识产权局提出。对于每项发明、外观设计、实用新型都应单独提出申请。发明的申请应当由请求书和发明说明书、权利定义和摘要组成，必要时应有附图和有关权力机关的确认。

# 一、专利的申请

## （一）申请日的确定

根据《专利法》第 3 条 1 款第 7 项的规定："申请日是指国家负责知识产权事务的机关首次收到发明、外观设计、实用新型申请的年月日。"知识产权局应当分别在收到发明、外观设计申请之日起 20 日内，收到实用新型申请之日起 7 日内进行形式审查，认为符合法律要求且符合申请文件形式的，应当将收到申请的日期确定为申请日。优先权日是指在申请日之前向保护知识产权的巴黎公约或者世贸组织某一成员国申请的年月日。申请人可以在其申请中提出将其国内、地区、国际申请日确定为优先权日，在此情况下应当附上申请优先权日的申请文件副本。申请日要求优先权日的，应当在登记申请之日起 2 个月内对此书面通知，提交原申请副本。

## （二）专利权的条件

《专利法》第 4 条规定，授予发明专利权的条件是：创造性、新颖性、实用性；授予外观设计专利权的条件是：创造性、新颖性、富有美感；授予实用新型专利权的条件是：新颖性和实用性。

## （三）申请的文件、申请撤回、修改、变更

《专利法》第 11 条第 8 款的规定："提交发明申请的创作

人，在对其申请做出终局决定之前，可以将其申请变更为实用新型申请，也可以将其实用证书的申请变更为发明申请。在此情况下，按照第一次申请确定其申请日。"

## （四）专利申请的审查批准程序

蒙古的实用新型采用等级制度。《专利法》第 11 条第 1 款规定："在确定申请日后，知识产权局的审查员对该发明、外观设计是否符合《专利法》第 4 条、第 5 条规定的要求进行审查。"第 12 条规定："在申请日后的 1 个月内，由审查员对其是否符合《专利法》第 6 条规定的要求，是否可以按照实用新型进行登记做出结论。"蒙古知识产权局对申请案进行形式审查之后，无须申请人提出实质审查请求，就随即对专利申请的内容进行新颖性、创造性和实用性审查，以确定是否授予专利。

# 二、专利权的授予、异议与期限

《专利法》规定在专利出版物上公布发明的参考文献和权利定义、外观设计的图片或者照片之后的 3 个月内，知识产权局如果没有收到异议的，应当对其授予专利，专利权自授予证书之日起生效。外观设计应当进行国家等级并存入专利库。在审查员做出可以按照实用新型进行登记的结论之日起 1 个月内由知识产权局对其授予实用证书。发明专利从申请日起在 20 年内有效；外观设计专利在 10 年内有效；实用新型的实用证书在 7 年内有效。与我国不同的是：我国实用新型专利的期限为 10 年。

## 三、专利权的无效程序

违反法律规定授予专利权的，争议解决委员会、法院可以撤销专利。拒绝缴纳专利费用的，由知识产权局撤销专利。不服争议解决委员会决定的，可以向法院起诉。

## 四、专利权的强制许可

为了国家安全、国防、人口粮食供应、卫生等社会必然需要而实施发明、外观设计、实用新型的强制许可。

## 五、专利权的转让

《民法典》第 136 条规定，除非法律另有规定，智力创作成果者的所有权，自创作此等成果时起产生。智力成果所有权需要根据依法定程序进行的登记确定。

## 六、专利权的保护与救济

### （一）专利权的保护范围

根据《专利法》第 7 条的规定，在确定专利权保护范围问题上采用折中原则，既考虑专利权人所提交的权利要求书的行文字面含义，同时也参考说明书和附图对权利要求书的解释，但是不得利用摘要。

## （二）专利权人的救济

《专利法》第 28 条规定，知识产权局的争议解决委员会审理因非法实施受权利保护的成果而造成的损失以及支付成果实施费用相关的纠纷赔偿。不服争议解决委员会决定的，可以在收到决定之日起 30 日内向法院起诉。

## （三）专利侵权纠纷的举证责任

蒙古国专利法中虽然没有相关的规定，但可以参照《民法典》中对举证责任的规定。第四，赔偿数额的确定。根据《专利法》第 29 条第 3 款的规定：侵犯占有人权利造成的物质损失的赔偿问题，由法院根据《民法典》的规定解决。

## 七、侵犯他人专利权的处罚

蒙古国《专利法》规定，对违反专利法规、侵犯专利创作人和专利占有人权利者将予以惩处。

对于违反专利法的行为如不必追究刑事责任的，可给予下列行政处罚：（1）由法官、国家监察员对公民处以数额为最低劳动报酬 2～6 倍的罚款，对法人处以数额为最低劳动报酬 10～20 倍的罚款；由法官处以有过错的公民 7～14 日的拘留；（2）由法官、国家监察员没收发生争议的货物、物品，将其非法收入上缴国库，销毁该货物，责令停止该行为。

侵犯创作人或专利占有人权利者应当承担蒙古国法律法规规

定的责任。侵犯占有人权利造成的物质损失的赔偿问题，由法院根据蒙古国民法的规定解决。

# 第三节　国际条约

2005 年 11 月中蒙两国知识产权局分别代表两国政府在北京签署了《中蒙知识产权合作协议》，该协议规定中蒙双方应当根据两国共同参加的知识产权国际条约和各自国内知识产权立法，妥善并且有效地保护知识产权。

中蒙双方在知识产权领域的合作包括：

（1）协调缔约双方在科技、经贸和文化领域交流与合作过程中涉及的知识产权保护问题，促进两国相应的知识产权机构和组织开展合作以推动知识产权的发展；

（2）交流两国知识产权立法发展情况以及有关程序和解决方案的实务信息；

（3）对知识产权主管部门从业人员进行培训并交流有关业务经验；

（4）在知识产权自动化建设方面进行交流和合作；

（5）就世界知识产权组织和其他国际组织讨论的国际知识产权制度的重大问题交换意见；

（6）缔约双方商定的其他事项。

中蒙双方承认遗传资源、传统知识和民间文艺对各自国家科技、文化和经济的发展所作出的贡献，并同意就建立和完善保护遗传资源、传统知识和民间文艺的法律制度加强合作，交流信息和经验。2014 年 8 月，中蒙两国知识产权局局长签署了《中国国家知识产权局与蒙古国知识产权局会谈纪要》，将在知识产权领域加强培训活动、联合研讨会、云专利审查系统等方面的合作。

# 第四节　其他法律

2010 年《竞争法》第 12.1.1 至 12.1.5 条规定禁止商标、商业名称、其他标志的非法使用，以及未经作者授权许可泄露科学技术、专有技术、商业和工业秘密。

2003 年《国家大呼拉尔决议》第 2.4.5.2 条规定"为公民具有创造性的文化，科学和艺术作品以及其向公众展示其作品的行为提供财政支持和协助"。

《民法》第 21.5 条规定未经他人同意不得非法出版或复制个人的图像。第 27 条涉及法人名称权的保护。第 83 条将知识定义为非物质资产。第 127.1.4 条规定知识产权和作者的稿酬属于个人财产，不由家庭成员共享。第 333 条规定了非物质财产（包括名称、商标和产品设计）的许可和特许经营。第 516 条涉及与知识产权的继承相关的规定。

《刑法》中也对知识产权的保护作出相关规定。如第 140 条针对版权侵权的规定；第 141 条针对发明者，工业品外观设计，合理化建议或专利持有人权利的侵权；第 164 条关于非法获得或披露金融和商业秘密；第 68 条关于非法使用商标和商业机构的名称的规定；第 227、228 和 229 条关于非法复制和传播计算机数据库信息；第 241 条关于非法使用红十字会名称和标志的规定；第 296 条关于非法佩戴和使用红十字会标志。值得注意的是蒙古国尚无专门保护数据库的法律。

2002 年《广告法》第四条规定了有关知识产权广告的使用。

# 争议解决法律制度

## 第一节　蒙古国诉讼制度

蒙古国目前的争议解决一共有三种方式：调解、仲裁和诉讼。主要的法律有 2003 年 5 月 9 日通过的《蒙古国仲裁法》、2002 年 1 月 10 日实施的《民事诉讼法》以及 2002 年 1 月 10 日实施的《法院判决执行法》。《法院判决执行法》对外国仲裁裁决在蒙古国的承认和执行作出了规定。

## 一、蒙古的法院制度

《宪法》规定蒙古国的审判权只能由法院行使，其他机关不得行使审判权。法院的基本建制由国家最高法院，省、首都法院，县和县际法院，区法院组成。根据刑事、民事和行政等审判工作类别设立专门法院，专门法院的活动和裁决受国家最高法院的监督。法院的经费由国家预算划拨，国家提供法院开展工作的经济保障。无论是总统、总理、国家大呼拉尔委员、政府成员还是国家机关、政党、社会团体的公职人员和公民都不得干预法官审判任务的执行。为保障法官和法院的独立地位，蒙古《宪法》还规定设立司法总委员会。该司法总委员会不介入法院和法官的审判工作，只完成从法律工作者中选拔法官并保护其权益等有关保障法院独立工作条件的职责。

蒙古国有三个层级的法院。一审法院：县、县际和县辖区法院对一审刑事和民事案件有管辖权。上诉法院，设立于各省首府的省级法院以及位于乌兰巴托的首都法院对更加严重的民事和刑事案件（争议金额超过 1 000 万图格里克）具有一审管辖权。上诉法院还审理低级法院提交的上诉案件。该等法院的法官审理一审和上诉案件。位于乌兰巴托的最高法院是最高级别的法院，有权审理一审案件中其他法院没有明确管辖权的案件，依据越级控告和监督规则审查下级法院的裁决，审理由宪法法庭、国家总检察院移交的关于维护法律及法律规定的人权与自由案件，以及对省级法院和首都法院判决提起上诉的案件，还可以对除宪法以外的其他法律的正式运用做出正式解释。国家最高法院的裁决为最终裁决，所有法院、其他有关各方必须执行最高法院的相关裁决。如果最高法院的裁决与法律抵触，由最高法院对其裁决予以废止。最高法院的解释如果与法律相抵触，则依照法律执行。最高法院和其他各级法院无权适用与宪法不符或未经正式公布的法律。

各级法院对案件或纠纷的审理以合议原则进行，基层法院在合议裁决案件和纠纷时，依照法定程序吸收公民代表参加。对法律有专项条文的某些案件，法官可单独审议裁决。法院的审判工作以蒙古语进行。

## 二、民事诉讼程序

### （一）起诉与受理

在起诉阶段，原告必须以书面形式向法院提交由原告或其代理人签字的起诉状。起诉状必须包括受理法院、原告及被告基本信息、起诉的根据、请求和证据、诉讼标的等等。起诉状同时应该附上缴纳国家印花税的发票或者免除申请，如果是代理人代为起诉的，同时应该附上委托书并按照被告的人数提交起诉状副本。

如根据法律、蒙古国参加的国际条约规定或者当事人约定由仲裁解决方式解决当事人之间的争议，则蒙古国法院没有管辖权。若当事人之间签订的合同中没有约定发生纠纷时通过仲裁解决或者协商不成，或者在政府之间协议中没有约定通过仲裁解决争议的，则诉讼由法院解决。根据《行政诉讼法》规定，若对行政机关、公职人员违法行政处罚提起诉讼，则应当由行政法院受理。如果法律或者合同没有其他规定，则原告应该向被告住所地法院提起诉讼。如果合同专门约定履行地点的，则与合同有关的争议可以向该合同履行地法院提出。与居住在国外的蒙古国公民或者法人有关的诉讼，既可以向原告住所地、居住地法院提出，也可以向被告财产所在地法院提出。

### （二）受理与立案

法院在认为符合起诉受理条件的会在收到起诉状后 7 日内做出立案的决定。立案后法官会告知原告所享受的权利和原告的举证责任。如被告居住在乌兰巴托，则会在 7 日内送达起诉状副本，若被告居住在地方，则起诉状副本会在 14 日内送达。被告在受到起诉状副本后 14 日内或法官规定的期限内有义务向法院提交自己的承认或反驳的理由及证据。如果法律没有其他规定，则该案件会在立案后 60 日内审结，若上诉法院和审判监督法院发回重审，自从法官受理该案件后 30 日内审结。

## （三）法院审理

除按初审程序法官独任审理以外的其他案件，由 3 名法官组成的审判组织进行审理，同时还应当按照《法院法》的规定让公民代表参加庭审。庭审过程中不会变更法官或者审判组织成员，如果审判组织中某一位无法参加庭审，则根据该法院首席法官的裁定进行更换，重新审理该案件。参与审理的公民代表有权参加按初审程序审理的案件庭审。公民代表有义务了解案卷记录，提出法官、鉴定人、翻译人员或书记员的回避申请，向当事人、第三人及其代理人、律师、鉴定人提问，对案件事实、当事人过错方面做出书面结论。但是公民代表不得中断法官会议分配的庭审，不得泄露委托自己而知悉的秘密。

审判长宣布开庭后，由书记员核实到庭人员并向审判长汇报。若当事人没有正当理由缺席开庭，则法庭会做出缺席判决。审理案件的活动从审判长或者法官介绍案件开始。原告在未经被告允许的情况下可以撤诉。审判长向原被告双方告知权利义务后，原被告当事人可以进行辩论。由法院调查证据，并按照审判长、法官、公民代表、提出证据的一方、对证据有异议的一方的顺序进行提问。调查核实证据之后，由公民代表就争论依据、当事人过错做出书面结论，其后由审判组织根据评议结果作出判决。如果三名法官组成的审判组织持不同意见，则以审判长的意见作出判决，另两名法官的不同意见书面记在案卷中。

法院的判决由开头、说明部分、依据部分和裁决部分组成。判决经宣读后立即生效。当事人可以在判决书做出之日起 14 日内到法院申领判决书。如果对该判决不服，则应当在收到判决之日起 14 内向省、首都法院提出上诉。

## （四）上诉案件

对于初审作出的判决，当事人、第三人及其代理人和律师都有权向作出判决的法院提出上诉。上诉同样应该以书面形式提出。上诉人可以在上诉法院开庭之前撤回其上诉。按上诉程序由 3 名法官组成审判组织，在自受理该上诉之日起 30 日内审结。上诉案件将不受上诉范围的限制对案件进行全面审查。按上诉程序审理的案件可能会被维持原判、补充更改原判、部分撤销原判、全部撤销原判、驳回案件或者上诉请求或是发回原审法院重审。若初审法院适用法律错误或者理解错误，当事人及其代理人参加庭审权利有瑕疵，严重剥夺诉讼或者庭审参与人的法定权利，审理案件的成员非法，判决书上未签字或者未参加审判的法官签字，提供虚假证据或证据不全的情况下做出的判决将会被上诉法院撤销初审判决。

## （五）执行

执行法院判决的根据包括法院判决和经法院确认的仲裁裁决书、公证通知书、行政决定的基础上做出的行政通知书。要求执行判决一方应向义务人住所地或居住地的管辖法院提出确认执行仲裁裁决书、公证通知书或行政决定的申请。法院于收到申请后 7 日内通过法官裁定加以确认。

中国投资者在蒙古投资合作如果发生纠纷，可以向当地法院起诉，诉讼程序使用蒙古语，法院适用蒙古国法律。需要注意的是,《法院判决执行法》关于承认外国法院判决的规定非常简单,仅规定"执行外国法院、仲裁机关判决或裁决的过程,由本法和国际条约规定"。因此如不存在互相承认法院判决的公约或条约,外国法院判决将不会被蒙古法院所承认。

## (六)执法成本

世界银行的《2016年营商环境指数》以蒙古的合同执行来衡量蒙古的执法成本,通过追踪一起支付争议案件,收集从原告向法院提交诉讼到最终获得赔付所花费的时间、费用和步骤来分析合同执行的各项成本。根据该种计算方式,蒙古在189个国家(地区)中排名第80名,执法成本低于地区平均水平。

## 第二节　仲裁制度

《蒙古国仲裁法》规定,蒙古国的常设仲裁机构可以与以保护生产者、消费者利益为目的开展活动的非政府机关的合作,也可以通过当事人的书面协议逐个设立临时仲裁机构。蒙古的常设仲裁机构为蒙古国家商会,还有多个调解中心。

《仲裁法》规定了在蒙古国内仲裁的法律框架。当事人可以约定争议是否提交到仲裁机构由仲裁机构裁决。但是根据《蒙古国民事诉讼法》[①]和法律规定的由法院、其他有权机关或者公职人员专属管辖的纠纷不能提交到仲裁机构进行仲裁。蒙古的一般性原则即法院不得干涉或规避在蒙古进行的仲裁程序。只有在极特殊情况下,才可以干涉已经同意以仲裁方式解决争议的当事

---

① 《民事诉讼法》第13.3条规定,如果当事人之间签订的合同中没有仲裁条款,或者在争议解决方面协商不成,或在政府之间协议中没有约定通过仲裁解决时,应由法院解决。

人的仲裁程序。

蒙古是《有关承认和执行外国仲裁机关裁决纽约公约》的成员国之一，因此，在蒙古可以通过法定程序申请执行外国仲裁裁决。

为申请执行外国仲裁裁决，申请人向相关地区法院（如被申请人所在地）必须提交一份仲裁裁决的复印件（同时提交一份蒙古语的翻译件）。根据《仲裁法》第 43 条规定，初审法院应该确认仲裁裁决的效力并予以执行。申请执行程序必须在做出仲裁裁决之日起三年内提出。当初审法院做出执行通知时，仲裁裁决可以同法院判决一样被执行。

## 第三节　有关争议解决的其他国际法

蒙古国于 1996 年加入了华盛顿《解决国家和他国国民间投资争议公约》（以下简称为"《华盛顿公约》"），《华盛顿公约》旨在为各缔约国和其他缔约国的国民之间的投资争端提供调解和仲裁的便利。我国也已经于 1990 年加入该公约，成为该公约的成员国。

## 一、解决投资争端国际中心的管辖

## （一）主体要件

根据《华盛顿公约》规定，解决投资争端国际中心的管辖适用于缔约国（或缔约国向解决投资争端国际中心指定的该国的任何组成部分或机构）和另一缔约国国民之间直接因投资而产生并经双方书面同意提交给中心的任何法律争端。"另一国国民"包括两种情况：自然人或法人。自然人可以是具有东道国国籍（包括具有东道国国籍的双重国籍情形）以外的某一缔约国国籍的任何自然人。法人既可以是不具有东道国国籍但具有某一缔约国国籍的外国法人，也可以是经双方同意的受外来控制的东道国法人。后者一般指的是依据东道国法律在东道国成立法人实体，但实际控制权仍然在国外的情形。依据《华盛顿公约》成立的解决投资争端国际中心是《华盛顿公约》的常设机构，旨在为解决该公约中的缔约国与他国国民之间投资争端提供便利条件，以便促进私人投资的跨国流动。在实践中，解决投资争端国际中心在判断两个当事人是否属于不同国籍时往往会遇到更为复杂的情形。

## （二）客体要件

《华盛顿公约》第 25 条第 1 款规定，双方当事人的争议应当是由直接投资争议而产生。为避免在公约中对"直接投资"做出过于僵硬的定义而无法应对多变的国际经济环境阻碍《华盛顿公约》在国际投资争议解决中发挥的作用，公约中对"直接投资"并无过多描述。

## （三）主观要件

根据《华盛顿公约》规定，争议双方必须同意将争端提交解决投资争端国际中心管辖的意思表示以书面形式做出，书面同意即构成解决投资争端国际中心管辖权的主观要件，并且明确"当事人各方同意是'中心'管辖权的基石"。此外，当双方表示同意后，任何一方不得单方面撤销其同意。除非另有规定，

"双方同意根据《华盛顿公约》交付仲裁"应视为双方同意排除任何其他救济方法而交付解决投资争端国际中心仲裁。缔约国可以要求以用尽该国行政或司法救济作为其同意根据《华盛顿公约》交付仲裁的条件。缔约国对于其国民和另一缔约国根据本公约已同意交付或已交付仲裁的争端，不得给予外交保护或提出国际要求，除非该另一缔约国未能遵守和履行对此项争端所做出的裁决。

## 二、仲裁程序

### （一）提交仲裁

希望采取仲裁程序的任何缔约国或缔约国的任何国民，应就此向解决投资争端国际中心秘书长提出书面请求，由秘书长将该项请求的副本送交另一方。该项请求应包括有关争端事项、双方的身份以及他们同意依照交付调解和仲裁的程序规则提交仲裁等内容。秘书长应登记此项请求，除非其根据请求的内容，认为此项争端显然在中心的管辖范围之外，秘书长应立即将登记或拒绝登记通知双方。

### （二）仲裁庭的组成

仲裁庭应在依照登记秘书长仲裁请求之后尽快组成。仲裁庭应由双方同意任命的独任仲裁员或任何非偶数的仲裁员组成。如双方对仲裁员的人数和任命的方法不能达成协议，仲裁庭应由三名仲裁员组成，由每一方各任命仲裁员一名，第三人由双方协议任命，并担任首席仲裁员。如果在秘书长发出关于请求已予以登记的通知后 90 天内，或在双方可能同意的其他期限内未能组成仲裁庭，主席经任何一方请求，并尽可能同意双方磋商后，可任命尚未任命的仲裁员或数名仲裁员。主席根据公约任命的仲裁员不得为争端一方的缔约国的国民或其国民是争端一方的缔约国的国民。仲裁员的多数不得为争端一方的缔约国国民和其国民是争端一方的缔约国的国民；但独任仲裁员或仲裁庭的每一成员经双方协议任命，上述规定则不适用。除主席进行任命的情况外，可以从仲裁员小组以外任命有高尚的道德品质，并且在法律、商务、工业和金融方面有公认的能力，可以被信赖作出独立的判断仲裁员。

## （三）仲裁庭的权力和职能

仲裁庭有权决定其本身权限。争议一方提出的反对意见，认为该争端不属于中心的管辖范围，或因其他原因不属于仲裁庭的权限范围，仲裁庭应加以考虑，并决定是否将其作为先决问题处理，或与该争端的是非曲直一并处理。仲裁庭应依照双方可能同意的法律规则对争端作出裁决。如无此种协议，仲裁庭应适用作为争端一方的缔约国的法律（包括其冲突法规则）以及可能适用的国际法规则。仲裁庭不得借口法律无明文规定或含义不清而暂不作出裁决。仲裁庭有权在双方同意时按公允及善良原则对争端作出裁决。除双方另有协议，如果仲裁庭在程序的任何阶段认为有必要时，它可以要求双方提出文件或其他证据或访问与争端有关的场地，并在该地进行它可能认为适当的调查。

任何仲裁程序应依照规定，以及除双方另有协议外，依照双方同意提交仲裁之日有效的仲裁规则进行。如发生任何公约或仲裁规则或双方同意的任何规则未作规定的程序问题，则该问题应由仲裁庭决定。

## 三、裁决

仲裁庭应以其全体成员的多数票对问题作出决定。仲裁庭的裁决应以书面作成，并由仲裁庭投赞成票的成员签字。裁决应处理提交仲裁庭的每一个问题，并说明所根据的理由。仲裁庭的任何成员可以在裁决上附上他个人的意见（不论他是否同意多数人的意见），或陈述他的不同意见。解决投资争端国际中心未经双方的同意不得公布裁决。秘书长应迅速将裁决的核证无误的副本送交双方。裁决应视为在发出该副本之日作出。仲裁庭经一方在作出裁决之日后45天内提出请求，可以在通知另一方后对裁决中遗漏的任何问题作出决定，并纠正裁决中的任何抄写、计算或类似的错误。仲裁庭决定应为裁决的一部分，并应按裁决一样的方式通知双方。

如果双方对裁决的意义或范围发生争议，任何一方可以向秘书长提出书面申请，要求对裁决作出解释。如有可能，应将该项要求提交作出裁决的仲裁庭。如果不可能这样做，则应依照《华盛顿公约》组织新的仲裁庭。

任何一方可以根据所发现的某项其性质对裁决有决定性影响的事实，向秘书长提出书面申请要求修改裁决，但必须以在作出裁决时仲裁庭和申请人都不了解该事实为条件，而且申请人不知道该事实并非由于疏忽所致。申请应在发现该事实后的90天内，且无论如何应在作出裁决之日后3年之内提出。如有可能，该项要求应提交作出裁决的仲裁庭。如果不可能这样做，则应依照《华盛顿公约》组织新的仲裁庭。

任何一方可以在作出裁决之日后120天内根据仲裁庭的组成不适当、仲裁庭显然超越其权力、仲裁庭的成员有受贿行为、有严重的背离基本程序规则的情况或裁决未陈述其所依据的理由的理由，向秘书长提出书面申请，要求撤销裁决。如果撤销申请是以受贿为理由，该申请应在发现受贿行为后 120 天内，并且无论如何在作出裁决之日后 3 年内提出。主席在接到要求时会组成的专门委员会，专门委员会与作出裁决的仲裁庭的成员不得有相同的国籍，不得为争端一方国家的国民或其国民是争端一方的国家的国民，不得为上述任一国指派参加仲裁员小组的成员，也不得在同一争端中担任调解员。专门委员会有权撤销裁决或裁决中的任何部分。专门委员会如认为情况有此需要，可以在作出决定前，停止执行裁决。如果申请人在申请书中要求停止执行裁决，则应暂时停止执行，直到委员会对该要求作出决定为止。

## 四、裁决的承认和执行

裁决对双方具有约束力，双方应遵守和履行裁决的规定。每一缔约国应承认依照《华盛顿公约》作出的裁决具有约束力，并在其领土内履行该裁决所加的财政义务，正如该裁决是该国法院的最后判决一样。具有联邦宪法的缔约国可以在联邦法院或通过该法院执行裁决，并可规定联邦法院应把该裁决视为组成联邦的某一邦的法院作出的最后判决。要求在一缔约国领土内予以承认或执行的一方，应向该缔约国为此目的而指定的主管法院或其他机构提供经秘书长核证无误的该裁决的副本一份。每一缔约国应将为此目的而指定的主管法院或其他机构以及随后关于此项指定的任何变动通知秘书长。裁决的执行受要求在其领土内执行的国家关于执行判决的现行法律的管辖。

# 第九章

# 蒙古国风险防范提示

## 第一节　国有化问题

　　《外商投资法》（已经失效）第八条和2013年10月生效的新《投资法》第六条都规定了对投资者权益的基本保障。根据《投资法》第3.1.2条规定，"投资者"包括对蒙古国进行投资的本国及外国投资人，因此外国投资者的待遇应与本国投资者待遇一样。根据第6条的规定，在蒙古国境内禁止政府非法没收投资人资产。但如果是因公共利益，并且政府依法给予投资者全额补偿，政府即可征收投资人的资产。除蒙古国缔结的国际条约另有规定，按《投资法》征收财产时，应按当时或向投资人及公众公布时的市场价对投资者进行评估并给予补偿。

　　此外，根据《中华人民共和国政府和蒙古人民共和国政府关于鼓励和相互保护投资协定》规定，除非为了社会公共利益的需要，缔约国一方投资者在缔约国另一方领土内的投资不得被国有化、征收或采取其效果相当于国有化或征收的措施。政府对另一方投资者的征收应在非歧视的基础上，依照法律程序进行，并给予补偿。该补偿应等于宣布征收时被征收的投资财产的价值，应是可以兑换的和自由转移的。补偿的支付不应无故迟延。

因此，投资者在蒙古遭受国有化和征收的风险不大。

## 第二节　反垄断审查

蒙古国第一部《反不正当竞争法》制定于 1993 年，并在 2000 年、2002 年、2005 年、2008 年分别进行了四次修订。该《反不正当竞争法》适用于所有参加市场竞争的企业、国家和地方行政机关。如果法律没有其他规定，有价证券、金融市场和广告宣传活动如果会造成或可能造成不利于竞争后果的，也适用于《反不正当竞争法》。2004 年，根据第一副总理令成立了不正当竞争管理局，负责反不正当竞争执法工作。2008 年，不正当竞争管理局更名为公平竞争和消费者保护局（AFCCP），并增加了《消费者保护法》的执法职能，其主要职责为执行反不正当竞争法禁止、约束、限制和防止对竞争有害的活动，确定商业实体的独占或自然垄断地位，制定促进公平竞争和消费者保护的方案。2010 年蒙古制定了新的《竞争法》。2010 年《竞争法》废除了 1993 年《反不正当竞争法》，包含 5 章，28 条，涉及卡特尔、滥用市场支配地位、并购审查、竞争机构及其职员的权限、对自然垄断的监控以及政府采购的相关规定。蒙古公平竞争和消费者保护局执行的法律有六部：《竞争法》、《消费者保护法》、《政府管制法》、《行政监督法》、《行政采购法》和《广告法》。

《蒙古国竞争法》规定，具有支配地位的商业实体意图通过合并、兼并或收购 20% 以上普通股或 50% 以上优先股的方式，改组与其在市场上销售同一产品或合并、兼并相关商业实体的，需要向蒙古国公平竞争和消费者保护局进行申报。《反不正当竞争法》和新的《竞争法》对"市场支配地位"的定义是一致的。所谓具有"支配地位"是指一个商业实体单独或与其他商业实体或关联企业共同销售超过市场份额三分之一。公平竞争和消费者保护局审查认为交易将对经济环境产生限制竞争影响的，可以否决该项交易，并吊销已经完成的企业。但如果能够证明交易本身给国家经济带来的利益超过对竞争的损害，公平竞争和消费者保护局将承认该交易有效。

2009 年 9 月 21 日国家工商总局和蒙古国公平竞争与消费者保护局签署合作协议。根据协议，双方合作内容包括：在各自国家法律允许的范围内，交流竞争和消费者权益保护领域的政策、法律法规以及立法、执法进展情况；根据需要，共同举办相关内容的研讨会，交流近期执法活动和执法重点，讨论双方关注的法律变化和法律适用问题，就国际竞争和消费者保护领域的重大和热点问题交换意见；探讨开展人员互访交流和培训的可能性；探讨在各自的职能范围内开展边境执法合作的可能性。协议还明确了磋商、限制、保密、争议解决等条款。

# 第三节　蒙古国环境法

近年来，蒙古国矿产资源开发业快速发展，随之产生了一些环保问题。采矿行业在蒙古经济中发挥重要作用，占 2015 年蒙古国 GDP 的 20%。据称，采矿业将在未来成为蒙古发展的主要经济成长力量。但是，采矿活动的发展也为蒙古政府增加了环境保护和恢复等问题。针对这些问题，蒙议会和政府通过了一系列法律法规，对矿产资源开发行业矿区环境保护和恢复、矿区附近水源和森林地保护等进行了严格规范，在过去几年，蒙古在矿产领域的法律法规做出了重大改变，如通过《矿产业国家政策》、

《矿产法》、《石油法》,《自然环境影响评估法》规定企业申请矿产开采许可证时需提供详细环境评估报告,水源和森林地一定范围禁止从事矿产资源勘探和开发等。尽管已经有了综合性环境监管体制,并且《矿产法》也涵盖了许可证持有人的环境义务,但是蒙方认为这在实践中仍是不充分的。近几年来,政府一直通过采取若干措施来逐渐解决该等事宜,比如提高抽水费、向采矿许可证持有人施加更严格的环境义务,并且要求交纳环境恢复保证金。而且,2009 年 7 月,为了解决环境问题,议会通过了《关于禁止在河流上游、受保护水库地区和森林地区进行矿产勘查和采矿活动的法律》。

蒙古国主管环境保护的政府部门是自然环境绿色发展与旅游部。该部位于首都乌兰巴托市,在各省设有自然环境分支机构,各县设有环保工作者。主要职能为在社会经济增长的同时,保障生态平衡发展,妥善利用自然资源,保持环境可持续和稳定,积极发展绿色旅游产业等。

# 一、环境保护法

《环境保护法》于 1995 年 3 月 30 日生效,并历经 1998 年、2002 年 7 月、2003 年 1 月、2005 年 11 月、2006 年 6 月、2008 年 1 月、2010 年 7 月和 2012 年 5 月等 8 次修订。《环境保护法》旨在减少法规重复并提高法规质量,确保经济负责任的、环保的且可持续的发展,提高经济效率、引进环境审核国际标准和增加"污染者付款"原则、提高环境决策的公众参与,并确保环境保护资金充足。

根据《环境保护法》规定,国家保护土地及其地表、地腹及其资源、水资源、动植物和空气免遭有害自然环境的行为影响,预防生态失衡。

在保护自然环境方面，蒙古国公民享有下列权利：

（1）有权要求过错人赔偿因其破坏环境而造成健康、财产遭受的损失；

（2）与违反环保法的行为进行斗争和要求追究破坏环境人的责任，向法院提起环境损失赔偿诉讼；（本款于 2010 年 7 月 8 日修改增加）

（3）组建民间环保组织和基金，当地公民在自愿原则下结合起来保护、恢复资源及收益；（本款于 2005 年 11 月 18 日增加）

（4）从相关单位获取有关环境的真实、准确信息；

（5）要求主管部门保障自然资源的不可侵犯性，限制或禁止一切危害环境的行为，对可能危害环境的创办企业作出拒绝授予许可的决定；（本款于 2012 年 5 月 17 日修改补充）

（6）自愿参与组织合伙途径就所在地的特定资源行使保护和根据法律签订合同进行利用、占有。（本款于 2005 年 11 月 18 日增加）

## （一）自然资源的拥有及环境保护

除蒙古国公民私有化土地，其他土地、地腹、森林、水、动物、植物和其他自然资源归国家所有，经国家相关权力机关批准、许可方可利用外不得侵犯。除法律另有规定，蒙古国公民、企业单位、外国公民、法人应当经政府许可并支付相应费用和签约方可利用自然资源。

根据法律规定和合同约定的程序，公民在其所有和占有的土地上，企业单位在其占有的土地上可以自有资金种植植物和树木、养殖动物以及蓄积雨水建造积水、水库、湖泊并对其享有所有权。根据专业机构按《环境保护法》确定自然资源的归属及当地行政机关和环境和绿色发展部的证明，依法决定其所有权。

蒙
古
国

219

## （二）自然环境评估、调研和审计

1. 环境评估。环境评估是以制定并实施保护自然环境的原始性和预防生态失衡的措施，合理利用自然资源为目的，分别对自然资源储量和环境影响进行的评估。希望以生产方式利用自然资源的公民或企业单位，应以自己的费用完成环境评估，若已做评估则支付其费用。获得授权的企业单位有权进行环境影响评估，并经保护该资源的国家主管中央机关批准。由保护和协调利用该资源的主管中央政府机关授予企业单位自然资源储量评估资质，由环境与绿色发展部授予企业单位环境影响评估资质。

对符合下列条件的企业单位可授予环境影响评估资质：该企业有不低于三分之一的评估成员为专职技术人员；拥有测量、研究器材和设备；具有经技术部门确认的环评技术方法；评估事宜有关拥有信息库。

2. 自然资源储量评估。自然资源储量评估是指以数据和价格评价具体自然资源的数量、质量和价值。自然资源经评估确定资源储量及对其保护、合理利用和恢复的方法，并存档于国家环保信息中心。由政府中央机关协同其他机关参照生态经济的重要性确定自然资源储量的现金价值。储量现金价值评估是确定该资源的利用补偿费、收费及对自然环境造成的负面影响、直接损失额的依据。

3. 环境影响评估。《环境评估法》调整与环境影响评估有关的关系。由招揽方承担环境影响评估费用。实施项目的企业单位或公民有义务履行经环境影响评估提出的要求。

4. 环境状况监测。环境状况监测包括对环境状况及其变化进行常态观测和研究并作出结论，制定消除已有负面影响措施。

5. 自然环境审计。利用资源从事生产及服务的企业每两年要进行环境审计并作出结论和建议，且在建议限定期内向省、首都自然环境主管部门报送总结。定期进行环境审计的费用由该企业单位承担，临时决定环境审计或政府主管环境中央机关认为有必要进行环境审计的，则由行政长官或提议审计方承担费用。

政府主管环境中央机关授权的法人完成环境审计工作。主管环境政府成员审批环境审计细则及授权程序。

6. 环境调研及其费用。国家和地方预算承担有关明确国家和地方发展标准，保护和繁殖珍稀动植物，保护地表、水、空气及保障人类健康安全生存环境方面的调研费用。除进行环境调研工作并支付费用外，政府中央机关和相关行政长官应委托科研及有关技术部门应扶持欲进行环境调研的公民、企业单位。

## （三）环境保护、利用资源及恢复环境的普遍措施

1. 环境承载力。以保障人类健康安全的居住环境和保护自然环境为目的，按以下标准规定排放到自然环境的有毒、有害物质含量和危害程度（以下简称为"环境承载力"）。（1）空气、水和土壤可承受的有毒、有害化学和生物质量；（2）废弃到自然界的有毒、有害物质最高准许量；（3）声音、噪音、震动、电磁波场和其他物理危害的允许量；（4）放射性的允许强度；（5）保护农牧业所需化学农药的最大允许剂量；（6）食品中的化学物质最大允许含量；（7）自然环境承载力和资源利用上限。

公民或企业单位排放有毒物质或造成危害超过环境承载力标准的，由该公民或企业单位自行消除或委托技术部门消除危害并承担费用。

2. 防止环境污染。根据《环境保护法》规定，超过环境承载力排放工业或生活垃圾的行为将被视为"污染环境"。政府中央机关统一备案登记全国污染源。

公民、企业单位有义务对其工业和生活垃圾进行处理，不得污染环境。公民和企业单位只能在指定的地点采取允许的方法掩

蒙古国

221

埋、销毁有毒、危险物品和垃圾；将垃圾分类收集到专门容器，使用专用工具运至指定地点；清理居住区和迁落地，必要时进行消毒；定期清理院内及住宅周围垃圾。

3. 特别时期的环境保护。根据《宪法》规定，对发生特别状况的地区按《特别状况法》和《宣布特别状况法》规定的程序采取降低自然灾害或突发事件带来的危害、消除灾害造成的后果、保护自然环境和资源的措施。

4. 自然资源的恢复。为保持环境平衡，以生产目的利用自然资源的公民、企业单位应采取限制珍稀动植物的利用，通过繁殖、放养、提供饲料增加其数量或修缮、平整自然资源开采区域的土地和环境等措施。

## （四）企业的环保义务

企业单位在环境保护方面承担以下义务：

（1）落实环保法和政府、地方自治机关和行政长官的决定及国家监察员、环保员的要求。

（2）严格遵守有关部门制定的规范标准、限量、规章，实施内部监督。

（3）统计生产、服务过程中排放的有毒物质、物理有害影响、垃圾数量，将减少、清理上述物质的措施、监测设施的运行状况及时报送相关部门。

（4）从事危害环境的生产服务业企业每年应安排减少或制止污染、保护环境、恢复生态的预算并加以落实。（本款于 2005 年 11 月 18 日修改）

（5）在规定期限内向县、区行政长官移交按合同种植的树木、植物，养殖的动物，修缮的水源和平整的土地。

（6）按政府中央机关批准的规则建立生态档案。

（7）排放污染企业应设有监管环境管理计划的落实，监督本厂排放的固体、液体、气体废弃物职责的内部监督部门。（本款于 2010 年 6 月 24 日增加，于 2012 年 5 月 17 日修改）

（8）要求行政长官、国家环境监察员追究污染环境过错人的责任和让其赔偿损失；（本款于 2012 年 5 月 17 日增加）因自己的行为造成环境污染的，采取措施消除影响、告知相关部门、在 14 个工作日内执行国家监督监察员作出的补偿决定。（本款于 2012 年 5 月 17 日增加）

（9）反对一切污染环境行为。（本款于 2012 年 5 月 17 日增加）

## （五）污染者付费原则

公民、企业单位对环境及资源造成损失时应承担赔偿责任，且将赔偿款上交于政府专用基金法所规定上网环保基金账户。赔偿人多交赔偿款的，环保基金予以返还。将环境损失分为林源损失、动物损失、植物损失、水源损失、土地损失、地腹损失和地表损失。由国家环保监督监察员负责收取环境损失赔偿。

环境损失赔偿依据该种资源的生态经济评估按一定的计算方式确定数额：林源损失以森林生态经济评估的三倍、动物损失以该动物生态经济评估的两倍、植物种类损失以该植物生态经济评估的五倍、水源损失以该盆地水生态经济评估的三倍、土地损失以该类土地生态经济评估的三倍。

地腹损失和地表损失批的环境损失计算方式如下：对地腹造成的损失以环境损失计算办法的两倍及对地表造成损失，污染环境损失以计算环境损失办法的三倍。

## 二、《自然环境影响评估法》

2012 年 5 月颁布生效的《自然环境影响评估法》旨在保护

自然环境，本着对自然环境不良影响最小地利用自然资源，评价区域、行业范围内执行的政策和发展纲领、计划及各类项目对自然环境的影响并对此作出是否实施的结论和决定。《自然环境影响评估法》对自然环境影响评估的结构、体系及其调整，参评各方的权利和义务都进行了详细的规定。

自然环境影响评估包括下列内容：自然环境战略评估（下称"战略评估"）、自然环境状态评估（下称"状态评估"）和自然环境影响评估（下称"影响评估"）和递增影响评估。战略评估是指制定国家、地区、部门范围内的政策和发展纲要、计划过程中，就其实施给自然环境、社会、人类健康可能造成的风险、负面影响、后果与气候变化趋势和自然灾害现象相结合予以评价。状态评估是指制定项目可行性计划文本、图纸及国家、地区、部门范围内实施的发展纲要、计划过程中，勘察确定其实施地区自然环境状态，明确制定项目、纲要、计划、政策时下一步应注意的自然条件和环境特点。影响评估是指预先确定公民、企业单位实施具体项目中对自然环境可能造成的负面影响和后果，制定减少、消除措施。递增影响评估是指确定公民、企业单位在特定地区、流域实施的项目对人类健康造成负面的背景、重叠影响，制定减少、消除措施。

## （一）状态评估和递增影响评估

战略评估主要由起草制定政策、纲要、计划的行业部委在起草时进行。而项目实施人应做好状态评估，调研可能发生的影响。项目实施人应在相关技术部门和科研单位参与下进行状态评估，必要时提请蒙古环境和绿色发展部给予指导。此外，对公民、企业单位在特定地区、流域实施的项目，蒙古环境和绿色发展部在相关技术部门参与下进行递增影响评估。必要时主管自然环境政府成员可委派专家组做递增影响评估。结合受影响范围，由项目实施人支付递增影响评估所需要的费用。状态评估报告和递增影响评估报告应提交蒙古环境和绿色发展部下属主管评估事宜的专业委员会审核。

## （二）影响评估

影响评估包括自然环境影响总体评估和自然环境影响详细评估。项目实施人应在取得自然资源利用、勘探开采石油及矿产资源、以商业用途占有和使用土地权和项目启动前进行影响总体评估。项目实施人应收集相关权力部门审批的可行性研究、图纸设计、项目实施地自然环境影响状态证明、当地县、区行政长官的意见和其他相关文件，按规定提请蒙古环境和绿色发展部或自然环境政府部门进行自然环境影响总体评估。

对于利用自然资源新建或对运行中的生产、服务、建筑设施予以更新、扩建的项目，评估鉴定人应在14个工作日内（必要时经总鉴定人决定，可按14天延长一次期限）进行自然环境影响总体评估并作出下列结论：

（1）否决或驳回技术、工艺和业务对自然环境不利，未纳入土地利用规划，战略评估结论不符合要求或不符合相关法律规定的项目；

（2）认为可按一定条件实施项目，不必做自然环境影响详细评估；

（3）认为有必要做自然环境影响详细评估。

根据专业能力和工作经验，由环境和绿色发展部决定派遣评估鉴定人和负有领导职责的总鉴定人。如评估鉴定人认为有必要做环境影响详细评估和获得自然环境影响详细评估资质和许可的国内企业应该做自然环境影响详细评估并根据评估编制报告制定自然环境管理计划。

1. 自然环境影响详细评估报告。自然环境影响详细评估报告应反映项目实施地自然环境状态；项目的主要负面影响及可能性或计算其强度、分布、后果的研究结果；减少、消除项目的主要负面影响及可能性的建议措施；减少项目可能给自然环境造成负面影响污染的可行方法、工艺和使用对自然环境危害小的技术、工艺方面的建议；自然环境影响总体评估要求作风险评估，则评估项目对人类健康、自然环境影响的风险；对石油、矿产、放射性矿产等项目提出关停方针、环境恢复目的、范围、验收指标和配套保护措施；自然环境管理的计划目的、范围、验收指标；项目实施地行政机关和受项目影响当地公民代表会议意见、笔录；项目实施地历史、文化遗迹及与项目特点相关的其他事宜。

自然环境影响详细评估报告应征得项目实施人的正式意见，并由项目实施人承担自然环境影响详细评估费用。做自然环境影响详细评估的企业应保存野外工作原始资料、评估专家调研结论原件并制作四份评估报告分别送环境和绿色发展部、项目实施人和项目实施地县、区行政长官办公厅各一份，自己保存一份，以上各份具有同等效力。

由当地环保员、国家自然环境监督监察员、各级行政长官和主管地质矿山政府机关对实施项目的公民、企业单位是否做自然环境影响评估进行监督。

2. 自然环境管理计划。自然环境管理计划是自然环境影响详细评估不可分割的组成部分。完成自然环境详细评估的机关以保护、合理利用、恢复项目实施地环境，保障战略评估建议的落实，减少、消除、预防经评估确定的负面影响，监督、发现项目实施地可能发生的不良后果为目的编制自然环境管理计划。该项目自然环境管理计划由完成总体评估的机关批准，并授予实施项目许可。自然环境管理计划的制定和环境恢复规则、方法由环境和绿色发展部审批。

自然环境管理计划由自然环境保护计划和环境监测提纲组

成。自然环境保护计划应反映减少、消除经自然环境影响评估确定的负面影响措施，配套保护措施及其实施期限和所需费用。环境监测提纲应反映监测项目给自然环境状态带来的变化，总结后果，实施办法，所需费用和期限。

项目实施人每年12月向完成自然环境影响总体评估的机关提交自然环境管理计划完成情况总结，并向该机关批准来年计划和所需费用数额。实施矿产资源开采、选矿、加工和化工厂项目人，为保证其保护自然环境义务的履行，每年将不低于当年实施自然环境保护计划所需费用50%的现金存入环境和绿色发展部所属恢复自然环境专用账户至开采业务结束。除矿产资源开采、选矿、加工和化工厂项目人，其他项目实施人为担保其保护自然环境义务的履行，将不低于当年实施自然环境保护计划所需费用50%的现金存入县、区行政长官所属保护、恢复自然环境专用账户，并每年总结计划执行情况。根据影响评估对项目实施人提出的要求和每年自然环境开采管理计划的落实以及《环境评估法》中所指关停计划的实现，在关停阶段按具体分段返还上述资金。

当地环保员、国家自然环境监督监察员、各级行政长官、政府中央机关及自然环境民间组织对自然环境管理计划和矿山关停管理计划的落实予以监督。必要时由完成自然环境影响总体评估机关做出决定对环境管理计划的落实和完成恢复工作情况以及监督结果实施第三方监督并做出结论，其所需费用由项目实施人承担。

根据执行自然环境管理计划总结和监督结果，完成自然环境影响总体评估的机关按照规定的程序决定是否返还项目实施人所交担保金。

3. 对自然环境影响详细评估的鉴定。完成自然环境影响详细评估的有资质企业，在总体评估限定的期限内将其评估报告连同其他相关资料送交完成自然环境影响总体评估机关。收到自然环境影响详细评估报告的鉴定员人，在18个工作日内鉴定评估并做出结论，必要时由环境和绿色发展部的总鉴定人派遣鉴定小组对该报告进行鉴定。环境和绿色发展部的总鉴定人，可最长按18天延长一次期限。根据影响详细评估报告和对其进行鉴定的鉴定人和专家委员会的结论，环境和绿色发展部会做出是否实施该项目的决定。完成自然环境影响详细评估的企业和项目实施方应向蒙古环境和绿色发展部无障碍提供审核判断所需资料文件。

经审核判断确定自然环境影响详细评估有误，则要求重新按规定完成评估工作和在此期限内由环境和绿色发展部决定中止其对外项目评估资质。经审核判断确定需做补充工作的，由完成原详细评估的企业承担费用。

4. 自然环境影响详细评估资质。由环境和绿色发展部对符合自然环境保护法规定的蒙古国企业单位授予蒙古国经营行为许可法第15.6.6条规定的特别许可。申请获得自然环境影响详细评估资质的申请书应提交企业经营业务介绍和反映从事评估工作所需信息库、硬件设施、人才储备和能力的资料。

专家委员会在28个工作日内对提出申请企业的自然环境影响详细评估能力进行审核并作出结论。有资质完成自然环境影响详细评估的企业，应将自然环境影响详细评估工作作为自己的主业务。根据专家委员会的结论，由环境和绿色发展部以三年期授予企业自然环境影响详细评估资质，于自然环境影响详细评估资质有效期届满2个月前，企业将所完成的工作总结及延期申请提交环境和绿色发展部。专家委员会将审查申请、总结报告及与自然环境影响评估有关其他资料，并作出是否可以延期三年资质的结论。

5. 公众参与影响评估业务。蒙古政府十分重视公众对环境评估的参与。环境和绿色发展部将通过网页公布需做战略评估的发展纲要、计划及纳入自然环境影响评估的项目有关信息；并对政府计划实施的国家、地区政策，发展纲要，计划进行战略评估时应当向公众征求意见。完成项目影响详细评估的法人，在编制报告过程中也应向项目实施地行政机关、受项目影响的当地公民、居民正式征求意见和组织讨论会。

6. 处罚。违反自然环境影响评估法律的过错人尚不构成刑事责任的，由法官或国家自然环境监督监察员处以下列行政处罚：

（1）未做自然环境影响评估和作出相应决定而擅自开展业务的，责令停止违法行为，没收非法所得上交县、区财政预算；

（2）未履行自然环境影响评估提出的要求的，直至纠正违法中止其业务，并处以过错企业单位最低工资标准25～30倍罚款；

（3）企业单位没有自然环境管理计划而开展业务或未实施该计划及未在规定期限内向有关部门报告计划执行情况的，注销其许可证，处以最低工资标准25～30倍罚款；

（4）评估鉴定或审核判断予以证实自然环境影响详细评估有误的，注销评估企业的影响详细评估资质，并处以最低工资标准25～30倍罚款。

没有做自然环境影响评估而实施项目或违反评估所提要求给自然环境造成损失的，应按环境和绿色发展部审批的细则计算损失，责令过错人给予补偿。由完成自然环境影响详细评估的有资质企业单位补偿因其错误评估自然环境影响给自然环境造成的损失。

7. 自然环境影响总体评估项目分类（见表9-1）。

表9-1　　　　　　　　自然环境影响总体评估项目分类

| 项目分类 | 负责实施方 | |
|---|---|---|
| | 蒙古环境和绿色发展部 | 省、首都行政长官办公厅 |
| 1. 矿业项目 | 各类矿产开采 | 该地区不以盈利目的的开采的普通矿藏资源 |
| 2. 重工业项目 | 选矿<br>加工<br>化工厂<br>焦化厂<br>其他各种 | |

| 项目分类 | 负责实施方 | |
|---|---|---|
| | 蒙古环境和绿色发展部 | 省、首都行政长官办公厅 |
| 3. 轻工业、粮食生产项目 | 全国性大型工厂 | 地方中小工厂 |
| 4. 农业项目 | —水库<br>—灌溉系统<br>—开荒活动 | —地方实施的植树项目<br>—绿化工程、公园<br>—从事农业生产的场地 |
| 5. 基础设施发展项目 | —大于10万伏的电厂<br>—大于35千伏的输电线<br>—供暖线<br>—水电站<br>—铁路<br>—机场<br>—国家间和城市间公路<br>—国家和城市间通讯<br>—石油产品储藏 | —10万伏以内的电厂<br>—35千伏以内的输电线<br>—该地区内的供暖线<br>—地方性公路、通讯<br>—加油站 |
| 6. 服务业项目 | —具有50以上床位的旅店、修养所、疗养所和其他服务场所 | —具有50以下床位的旅店、修养所、疗养所和其他服务场所，从事旅游业 |
| 7. 其他项目<br>—城建<br>—国防、民防工程<br>—供水系统<br>—净化设施<br>—垃圾统一堆放点等 | —大于10 000人口的中心、居住点的供水、净化设施、垃圾统一堆放点<br>—以国防或民防目的建设的全国性建筑设施 | —具有10 000以下人口的中心、居住点的供水、净化设施、垃圾统一堆放点<br>—以国防或民防目的建设的地方性建筑设施 |
| 8. 生物类项目 | —全国性大型渔业<br>—安置、利用野生动物、植物以及其他活动 | —狩猎或林业、狩猎场<br>—满足当地人口需求的渔业 |
| 9. 变异有机物生产和服务业 | 提取变异有机物<br>—生产<br>—种植<br>—进口<br>—过境交易 | 在地方种植变异有机物<br>—利用其从事中小生产<br>—种树、生态恢复等 |

续表

| 项目分类 | 负责实施方 | |
|---|---|---|
| | 蒙古环境和绿色发展部 | 省、首都行政长官办公厅 |
| 10. 化学有毒及放射性、危险废弃物项目 | 加工、利用、储存、运输、销毁化学有毒、放射性、危险废弃物业务 | |
| 11. 自然保护区开展的业务 | 国家自然保护区界内开展的业务 | 纳入地方保护区界内开展的业务 |

# 第四节　蒙古国反洗钱与资助恐怖主义法

《蒙古国反洗钱与资助恐怖主义法》于 2006 年 7 月 8 日公布实施，主要调整与惩治和预防洗钱和资助恐怖主义相关的关系。有关反洗钱和资助恐怖主义的法律法规由《蒙古国宪法》、《刑法》、《反洗钱与资助恐怖主义法》以及根据这些法律制定的其他法规组成。根据《反洗钱与资助恐怖主义法》规定，"洗钱"是指明知非法所得财产，以隐瞒其来源，以占有、使用、处分权合法化为目的将其投入流通的行为。银行、非银行金融机关、保险公司、参加有价证券市场的技术机关、从事当铺活动的主体、信用社、从事外汇买卖的主体、从事彩票和赌博游戏活动的主体等反洗钱的举报义务人应当向财政信息办报告任何可疑流通。其他法人、公民也可以向金融信息办报告其认为确定流通与洗钱和资助恐怖主义有关，或者 2 000 万图格里克（相当于这个数额的外汇）或者更多数额的现金流通。

发生以下情形的，各反洗钱的举报义务人有权审查有关相对人的相关信息：①在提供金融服务之前；②在进行 2 000 万图格里克（相当于该数额的外汇）或者更多数额的流通之前；③虽然相互关联的若干次流通数额均低于 2 000 万图格里克（或相当于该数额的外汇），但是其总数为 2 000 万图格里克（或相当于该数额的外汇）或者更多，而且存在认为该流通具有逃避出具相应信息的根据时；④在相对人方面有必要审查在此之前取得信息的真伪时；⑤在进行涉外结算之前；⑥对该相对人或者流通存在认为其与洗钱和资助恐怖主义行为有关的其他根据时。

如果相对人进行或者要求进行的流通存在认为洗钱或者资助恐怖主义根据的，可以由金融信息办作出中止该流通的决定。举报义务人通过书面，或电话通知后在 24 小时内送交中止流通决定，中止流通的期限不得超过 3 个工作日。

此外，根据《反洗钱与资助恐怖主义法》规定，游客如果需要携带 500 万图格里克以上 2 000 万以下的图格里克或者相当于这个数额的外汇现钞进出蒙古国国境的，报关时应当如实申报。如果需要携带多于 2 000 万的现钞进出蒙古国国境的，应当用由金融信息办委托代理人批准的申请文件申报。

## 第五节　蒙古人权保护

根据 2015 年 5 月 5 日蒙古国对人权理事会审议的陈述，蒙古国内相关法律、政府及各非政府人权组织已为改善蒙古国国内人权状况做出了相应改变。如为争取 2015 年当选人权理事会成员国，蒙古已于 2012 年加入了旨在废除死刑的《公民权利和政治权利国际公约第二项任择议定书》、2014 年批准了《保护所有人免遭强迫失踪国际公约》和《禁止酷刑和其他残忍、不人道或有辱人格的待遇或处罚公约任择议定书》。

## 一、司法机构改革

此外，《关于矿山安全和卫生问题的国际劳工组织第 176 号公约》和《国际刑事法院罗马规约》坎帕拉修正案的预计 2015 年即可通过。为了加强获得公正和独立审判权，蒙古针对司法机构于 2013 年颁布了一揽子新法律。这些法律包括依法将法院管理与司法程序分离，保证法官不受行政管理干扰和影响。因为法庭安装了视频和音频监控设备，所有庭审都将进行记录。除了按法律规定进行的闭庭审理外，法庭判决在法院网站上公布，以便所有利益相关者都能分析和查阅法庭判决、法律的适用以及当事方在法庭行使权利的资料。还在采取措施逐步提高法官的薪金。

## 二、矿产业问题

为了改善采矿业的安全和卫生标准，蒙古政府起草了《劳动安全和卫生法》修正案，并提交议会。还成立一个小组委员会，旨在解决地质、采矿和石油行业的安全和卫生问题。此外，也制订了露天开采、地下开采、选矿和爆炸活动的全面安全条例。蒙古已在全国采取各种措施为控制企业在采矿时非法和不安全使用汞的情况，如检查化学品的非法使用。

由于政府对因矿业发展而对农业的补偿问题的高度重视，目前已成立一个部门间工作组，以提出相关建议，改进对因勘探及开采活动而可能失去牧场或冬季住所牧民的赔偿和权利保护制度。但是，政府的直接干预很有限。采矿业发展带来的另一日益严重问题是供水。蒙古国政府表示其已采取了许多措施，以便有效利用水资源，保护地方饮用水水源以及保证饮水安全和节约用水。此外，还发布了法律禁止在某些界限内从事采矿活动，并根据 2010 年《国家水保护计划》，将 650 个水泉纳入保护范围。

# 三、妇女及儿童权利

2011 年蒙古国《两性平等法》也包含一些保护和促进妇女权利的条款，包括在政治、经济、社会和家庭领域禁止对妇女的一切形式歧视，对妇女在部委、机构和当地政府组织决策层任职提出了配额要求。同时，蒙古成立了由总理牵头的国家性别平等委员会，其职能包括实施法律和中期执行方案。此外，还有 49 个负责监督各部、各机关和地方政府组织执行法律规定的性别平等小组委员会。蒙古《议会选举法》要求为妇女候选人保留 20% 配额，目前蒙古有 11 名女性议员。目前蒙古还在持续努力进行立法，争取在议会选举和地方选举中为妇女候选人保留 30% 的配额。另外，在作为蒙古国家工业和商业联合会成员的 1 300 家企业中，有 38% 是女性担任首席执行官。蒙古 2011 年和 2012 年分别通过了经修订的《卫生法》和《关于预防人类免疫缺陷病毒和获得性免疫缺陷综合症的法律》。这些法律禁止因艾滋病毒感染或艾滋病而对权利和自由施加任何限制，也禁止对这类人实行任何形式的歧视。

为保护童工，蒙古 2011 年发布了《关于消除最恶劣形式童工的国家计划》，新的《劳动法》草案也规定禁止 15 岁以下儿童就业。

# 蒙古国引进外资的重点行业目录（节选）*

| 行业编号 | 分类序号 | 具体行业 |
|---|---|---|
| A. 01 | 农牧业 | |
| | 0111 | 谷物、水果、糖菜、油料作物和牲畜饲料种植 |
| | 0121 | 集约化畜牧业（发展奶、肉型畜牧业和养鸡） |
| 开采行业 | | |
| C. 10 | | 煤炭开采 |
| | 1010 | 各类深井和露天煤炭的开采、加工 |
| | 1020 | 褐煤及煤类燃料的开采、加工 |
| | 1030 | 泥炭页岩开采 |
| C. 11 | 石油、天然气开发 | |
| | 1110 | 石油及石油类矿物质的开采、加工，天然气开采 |
| | 1120 | 石油、天然气的钻探、提供设备、搭建钻台、维修工作以及提供服务 |
| C. 12 | 铀、钍矿开采 | |
| | 1200 | 铀、钍矿及具有放射性物质的矿石开采 |
| C. 13 | 金属类矿产开采 | |
| | 1310 | 铁矿石及含铁类矿石的开采、精选及加工 |
| | 1320 | 铜、锌、锡、钨、钼及金、银、稀有金属（铌、钽、锆等）、锶等矿石开采 |
| C. 14 | 其他矿产开采 | |
| | 1421 | 化学及肥料类矿物质开采，氮、磷、含硫矿物、萤石、矿物染料等化工原料开采 |
| | 1429 | 其他矿产开采，磨刀石、石棉、石化物质、玻璃状材料、理石、晶石、菱美等矿物质开采 |

| 行业编号 | 分类序号 | 具体行业 |
|---|---|---|
| 加工行业 | | |
| D. 15 | 食品加工 | |
| | 1511 | 肉及肉制品生产、贮藏、风干、熏制、腌制、罐装等加工 |
| | 1514 | 动物、植物油加工 |
| D. 15 | 面粉、牲畜饲料加工 | |
| | 1533 | 牲畜混合饲料加工 |
| D. 15 | 其他食品加工 | |
| | 1542 | 甘蔗、糖菜生产加工 |
| D. 17 | 纺织品 | |
| | 1711 | 动物毛及植物纤维纺纱、编织、染色、漂白、印花 |
| | 1712 | 纺织布料成品加工 |
| | 1729 | 标签、彩带、清洁卫生用纺织品加工 |
| D. 18 | 毛皮加工 | |
| | 1820 | 羊皮、裘皮成品加工 |
| D. 19 | 皮革加工 | |
| | 1911 | 皮革加工 |
| | 1912 | 皮革制品加工 |
| | 1920 | 男、女、儿童各类皮鞋制造 |
| D. 20 | 木材、木制品 | |
| | 2021 | 胶合板、刨花板、纤维板生产 |
| D. 23 | 焦炭、液体及放射性活性燃料 | |
| | 2310 | 用煤提炼焦炭、树脂及其他附属品 |
| | 2320 | 燃料生产用矿油、石油加工油料和液化气 |
| D. 24 | 化工产品生产 | |
| | 2411 | 工业用气、乙炔、酸、碱、染料、鞣制原料等生产 |
| | 2412 | 含氮、磷、钾肥等物质的生产 |

| 行业编号 | 分类序号 | 具体行业 |
|---|---|---|
| D. 26 | 用非金属材料加工的物品 | |
| | 2692 | 耐火陶器、耐火砖、预制件生产 |
| | 2694 | 水泥、石灰、石膏生产 |
| D. 27 | 金属制造 | |
| | 2710 | 铁矿石、废钢铁冶炼，加工钢铁制品（钢筋、钢轨、钢管、铁丝等） |
| | 2720 | 贵金属、有色金属、黄金、白银的精选及冶炼，用电解和其他化学方式加工；铜、铅、铝、锌、钼、钨、铌、钽、锆、锶、稀有金属等加工 |
| D. 37 | 附属品原料加工 | |
| | 3720 | 除金属以外的其他附属品原料供应和加工 |
| 基础设施行业 | | |
| E. 40 | 电、气、水生产供应 | |
| | 4010 | 电力生产、输变电项目（水电站、电力网、热力和柴油电站） |
| | 4030 | 热气、水供应（热力网） |
| E. 41 | 水净化、供应 | |
| | 4100 | 对生活、工业用水集中净化利用 |
| F. 45 | 建筑 | |
| | 4520 | 工程建筑项目 |
| | 4530 | 电梯和报警系统安装、维修 |
| | 其他 | "千年路"工程项目建设（机械设备租赁） |
| | 其他 | 石油、天然气管道设施建设 |

注：＊2001年6月27日，蒙政府颁布了《蒙古国引进外资的重点行业目录》（第140号决定），确定了引进外资的重点行业目录，并进行编号和分类（参见中国驻蒙古国商务经济贸易参赞处网站：http：//mn. mofcom. gov. cn/article/ddfg/tzzhch/200208/20020800035441. shtml）。

# 蒙古国主要服务机构联系方式

1. 中国驻蒙古国大使馆经济商务参赞处

地址：蒙古国乌兰巴托市青年大街 5 号

电话：（00）97611 – 323940/320955

传真：（00）97611 – 323987/311943

E – mail：mgjsc_ cn@163. com

2. 中国银行乌兰巴托代表处

联系方式：骆晓光：00976 – 70109300/95566937。

3. 霍金路伟律师事务所乌兰巴托分所

地址：Suite 401，New Century Plaza Chinggis Avenue – 15 Sukhbaatar

电话：00976 – 70128900

传真：00976 – 79128901

4. 铭德律师事务所乌兰巴托分所

地址：Suite 612 Level 6 Central Tower Great Chinggis Khaan Square 2 SBD – 8

电话：00976 – 77007780

联系人：艾丽斯 elisabeth. ellis@ minterellison. com

5. 中国国际航空公司乌兰巴托营业部

地址：Narnii Zam 87，1st Khoroo Sukhbaatar District Ulaanbaatar Mongolia

电话：00976 – 70009933

传真：00976 – 70009932

6. KPMG（毕马威）

地址：Suite 603，6th floor，Blue Sky Tower，Peace Avenue 17，Sukhbaatar District，1 khoroo，Ulaanbaatar

电话：00976 – 70118101

传真：00976 – 70118102

7. Deloitte（德勤）

地址：15th floor，ICC Tower，Jamiyan – Gun street 1st khoroo，Sukhbaatar distric

电话：00976 – 70100450

传真：00976 – 70130450

8. Ernst & Young（安永）

地址：Suite 200，8 Zovkhis Building Seoul Street 21

电话：00976 – 11314032

传真：00976 – 11312042

# 蒙古国主要法律法规索引

1. 《税务总法》

http：//mn. mofcom. gov. cn/article/ddfg/sshzhd/201406/2014 0600626949. shtml

2. 《企业所得税法》

http：//mn. mofcom. gov. cn/article/ddfg/sshzhd/201406/2014 0600626991. shtml

3. 《增值税法》

http：//mn. mofcom. gov. cn/article/ddfg/sshzhd/201406/2014 0600626985. shtml

4. 《关税的免征、减征与返还条例》

http：//mn. mofcom. gov. cn/article/ddfg/haiguan/200208/200 20800035434. shtml

5. 《蒙古国自然环境影响评估法》

http：//mn. mofcom. gov. cn/article/ddfg/qita/201406/20140600 627034. shtml

6. 《蒙古国投资法》

http：//mn. mofcom. gov. cn/article/ddfg/tzzhch/201405/201405 00573218. shtml

7. 《蒙古国投资法实施细则》

http：//mn. mofcom. gov. cn/article/ddfg/tzzhch/201405/201405 00573223. shtml

8. 《环境保护法》

http：//mn. mofcom. gov. cn/article/ddfg/qita/201406/20140600

627026. shtml

9. 《环境评估法》

http：//mn. mofcom. gov. cn/article/ddfg/qita/201406/20140600
627034. shtml

10. 取消许可证管理的商品

http：//mn. mofcom. gov. cn/article/ddfg/waimao/200308/20030
800116481. shtml

# 参考文献

1. 内蒙古建中律师事务所课题研究组：《蒙古国法律汇编与投资实务》，法律出版社 2008 年版。

2. 中国出口信用保险公司：《国家风险分析报告 2014 年版》，中国财政经济出版社 2014 年版。

3. 中国国家税务总局：《中国居民赴蒙古投资税收指南》，2015 年版。

4. 中华人民共和国商务部：《对外投资合作国别（地区）指南——蒙古国》，2014 年版。

5. 中华人民共和国商务部：《对外投资合作国别（地区）指南——蒙古国》，2015 年版。

6. 思源：《蒙古国政治转型记》，载《炎黄春秋》2010 年第 11 期。

7. 魏力苏：《试析蒙古国政治经济转型的原因、特点及结果》，载《科学经济社会》2015 年第 1 期。

8. 侯艾君：《蒙古国大选牵动中国神经》，载《中国与世界》2012 年第 15 期。

9. 徐海娜：《以交流促相知，以合作致共赢——专访蒙古国人民党书记布勒根图雅》，载《当代世界》2015 年 5 月。

10. 陈盼盼：《蒙古人民党转型研究——过程、结果与理论解释》，载《才智》2014 年第 31 期。

11. 颜武：《蒙古：政党间的角力》，载《检察风云》2012

年第 19 期。

12. 巴音吉日嘎拉：《蒙古国修改宪法的原因及结局分析》，载《东北亚论坛》2001 年 5 月第 2 期。

13. 扬明：《国际项目经营管理模式演变探析》，载《四川建筑》2010 年第 3 期。

14. 黄晓宇：《姜宏：国际 BOT 项目投标的特点》，载《石油工程建设》2008 年第 2 期。

15. 李晶、王建平、孙宇飞：《PPP 模式——一种基础设施建设模式的经验分析》，载《水利发展研究》2012 年第 5 期。

16. 王芳：《BOT 中特许协议的法律性质及争议解决初探》，载《重庆邮电学院学报》2005 年第 2 期。

17. 李杰：《蒙古撕毁"煤炭换贷款"合同意欲何为》，载《中国矿业报》2013 年 2 月 5 日。

18. 王迅：《力拓蒙古开采全球最大奥尤陶勒盖铜金矿》，载《中国有色金属报》2015 年 5 月 30 日。

19. 张君：《驻蒙古商务参赞赵清茂谈在蒙古做生意》，载《商机》2010 年 6 月版。

20. 高怀：《蒙古国起重机械施工验收程序》，载《施工技术》2014 年 12 月，第 4 卷第 36 期。

21. 刘晶：《国际工程项目中的 FIDIC 合同与价格调整》，载《消费导刊》2015 年第 10 期。

22. 王心宽：《FIDIC 概述》，载《电力建设》2002 年第 2 期。

23. 杨道富：《FIDIC 合同条件的历史沿革与特性研究》，载《人民黄河》2003 年第 1 期。

24. 王军：《FIDIC 新黄皮书与银皮书的同与不同》，载《工程建设与设计》2011 年第 11 期。

25. 赵艳华：《D_B 模式与 EPC 模式的比较研究》，载《建筑经济》2007 年第 S1 期。

26. 张淑清：《国际工程承包管理实践》，载《中国招标》2012 年第 46 期。

27. 王帅：《蒙古现代银行业发展情况概述》，载《长春金融高等专科学校学报》2015 年版。

28. 刘宇、潘文涛、石晓东：《蒙古国知识产权制度分析》，载《知识产权》2012 年第 8 期。

29. 石慧：《〈华盛顿公约〉第 25 条适用之新探》，载《湖南文理学院学报（社会科学版）》2006 年 11 月第 31 卷第 6 期。

30. 曹洪英：《竞争法律与竞争政策的新发展——蒙古反垄断国际会议研讨情况综述》，载《中国工商管理研究》2011 年第 08 期。

31. 阿茹娜、阿拉坦其其格：《蒙古国证券交易所发展现状研究》，载《内蒙古科技与经济》2015 年 8 月第 16 期。

32. 中国信保：《国家风险分析报告——蒙古投资与经贸风险分析报告》，载《国际融资》2012 年 6 月。

33. 李儒林：《蒙古国对外贸易结构及其对国家安全的影响研究》，内蒙古大学硕士论文，2009 年。

34. 呼其日和：《WTO 框架下蒙古国海关制度研究》，黑龙江大学硕士论文，2010 年。

35. 安努：《蒙中双边贸易协定问题研究》，北京交通大学硕士论文，2012 年。

36. 中国银行业监督管理委员会：《"一带一路"沿线国家基本信息（蒙古、俄罗斯、中亚五国)》，中国银行业监督管理委员会网站。

37. 北京大成律师事务所：《境外矿业投资法律政策环境报告》，北京大成律师事务所网站。

38. 永大律师事务所：《行政总法的意义》，永大律师事务所网站。

39. 永大律师事务所：《关于在蒙古国投资的权益问题》，永大律师事务所网站。

40. 中华人民共和国驻蒙古国大使馆经济商务参赞处网站。

41. 中华人民共和国驻蒙古大使馆网站。

42. 中华人民共和国商务部网站。

43. 国家质量监督检验检疫总局网站。

44. 内蒙古自治区商务厅网站。

45. 欧洲复兴开发银行网站。

46. 中伦律师事务所网站。

47. 中国石油天然气勘探开发公司网站。

48. FIDIC 官方网站。

49. 中华人民共和国驻蒙古国大使馆、蒙古国经济发展部、财政部:《中华人民共和国与蒙古国建交 65 周年经贸合作回顾》

50. 中国有色集团:《蒙古国 2013 社会责任报告》。

51. Batbold Amarsanaa 著,许声译:《蒙古商业法发展过程:目前的问题》,载《蒙藏季刊》第十九卷第二期。

52. Herbert Smith Freehills:《亚洲区贷款和接受抵押品指南》2011 年版。

53. 洪炳辉:Inclusive Insurance 2014 International Forum Report,2015 年 6 月 17 日。